いつか死ぬ、それまで生きる
わたしのお経

伊藤比呂美
Itō Hiromi

朝日新聞出版

いつか死ぬ、それまで生きる　わたしのお経　目次

いつか死ぬ、それまで生きる　わたしのお経

＊本文におけるお経、そのほか古典文学からの引用は、著者がなじんだ本によります。旧字は適宜、新字にしました。

＊著者朗読ＣＤのお経と書籍の本文では、朗読のリズム感により表現が異なる箇所があります。

父と母とお経とわたし

お経の現代語訳をやっております。よっぽど信心があるんじゃないかと、ときどき人に聞かれますが、ありません。わたしはいつまでたっても生臭で、お経への興味、好奇心は、全然違うところから来ているんです。

発端はこうです。九年前、母が寝たきりになって父が独居を始めた……それまでも、父の胃がんだ、母の脳梗塞だと、親たちの老いは着々と感じていましたが、母が寝たきりになったあのときに、老いが死になってありありと目の前に見えてきました。母の肉体はあれよあれよという間に衰えていって、どう考えても、回復してふたたび立ち上がるとは思えず、死神というものがいるならば、たぶん今そこ、枕元のあたりに、座ってるんだろうなと思える容態がつづいたわけです。深くてまっ黒なものが、死でありました。

わたしはそれをただ傍で見てるしかなかったんですけど、つい、まじまじとのぞきこみました。吸い込まれるかと思いました。でももっともっと見たいと思った。知りたいと思った。

もっと残酷なものかと思っていたら、そうじゃなかったのです。ただただ寂しいものでした。コントロールが利かなくて、早めるも引き延ばすもできなくて、そして、寂しくてたまらないものでした。

いつか死ぬ、それまで生きる。

そう思いましたが、当事者の父と母は二人とも、死に方がわからないようでした。死ぬなんて、考えたこともないというふうでした。いや、そんなわけはない。元気だった六十代や七十代の頃には「ぴんぴんころりで死にたい」とか「延命措置はいやだ」とかいろんなことを言ってたんですが、いざ直面してみたら、その頃考えていたことはすっかり忘れてしまったみたいに、虚空《こくう》にぽかりと浮かんで、なすすべもなく、待つともなく、死のときが来るのを待っているのでありました。死は、近づけば近づくほど具体性がなくなっていくように見えました。自分が死ぬとは思っておらず、死とはどんなものか、どう死ぬのか、何のイメージも持っておらず、また、持ちたくもないようにも見えました。そんな状態は苦しいだろうから、何かに頼ってみたらいいのにと、娘としては考えたわけです。

仏教とか興味ない？　と持ちかけてみたら、即座に「ないよ」と返ってきました。しかたがないから、何かわかったら伝えようと思って、親ではなく、わたしが、仏教の本を買い集めて読み始めました。けっきょく親は、二人とも、死ぬまでそのままでした。

うちは宗教的じゃない家で、仏壇もなく、神棚もなく、法事もなく、墓参りもなく、暮らしてきました。わたしは何も知りませんでした。だから最初は一般向けの宗派別のを、全宗派そろえて読んでみました。そして、お経とは、詩みたいなものだと思ったのでした。もともとサンスクリット語やパーリ語だったのが中国語に翻訳され、その中国語をそのまま、日本風のなまり切った発音で、意味のことなんか考えずに唱えている。ゆがんでいる、だからおもしろいと思いました。

お経のことばの大本にある信心という心の動きが、思考を硬化させてゆがませているようで、それがまた不可解で、不可思議で、スリリングで、目が離せなくなりまして、つい、短いのを一つ二つ現代語に訳してみたら、現代詩みたいになりました。詩というのも、意識のゆがみをことばの上に表現したものですから、当然のことなんです。

そのうち、もっと長いのを読みたくなり、原典を読みたくなり、むずかしいんですけど、我慢して読む。わからないんですけど、わからないままに読む。そうやって手あたりしだいに読みました。おもしろくてしかたがないだけで、信仰がないものですから、節操もありません。「般若心経《はんにゃしんぎょう》」もおもしろい、「法華経《ほけきょう》」もおもしろい、「阿弥陀経《あみだきょう》」もおもしろい。「阿弥陀経」は単純な内容をくり返しくり返す。なぜこんなにくり返すのか。無駄じゃないかと思えるほどくり返すのです。そのくり返しのために力がうまれて大きくなって寄せてくるのが見えるようです。「法華経」は長いから飽きて、読み飛ばしながら読みつづけました。ときに絵画的、ときに音楽的で、息を呑むほど美しい。中国語の微妙なニュアンスはわかりません。でも、「阿弥陀経」も「法華経」も、鳩摩羅什《くまらじゅう》（344〜413）

の翻訳です。もしかしたら太宰治や中原中也が好きなように、鳩摩羅什が好きなんじゃないかと思ったこともあります。

そのうち詩人として、お経というものの詩的な特徴が、なんとなくわかってきました。まず、信仰心の思いつめた心、ゆがんだ心。それから、ファンタジー性たっぷりの生き物や風景。そして、当時のインド文化の語りの癖。無駄だと思えるほどのくり返しや、荒唐無稽な数字の数え方や、たぶん思想そのものも、この辺から来ているようです。それから、語り物としての形。

これは、わたしがこれまで数十年間追っかけてきた「語り物」という世界そのものじゃないかということに気づいたわけです。

その昔、もともとあったブッダの仏教から大乗仏教というものが派生して、人々が町々の辻々で語って広めて歩いた。それがお経。だからどのお経も芝居がかった構成で、語り物として、聞いておもしろいように作ってある。

舞台がある。観客がいる。いきいきとした対話がある。その対話を聞いているおおぜいの人々が背景にいる。ありありと情景が目に浮かぶ。

つまりお経とは、「説経節」のような信仰を元にした語り物じゃないか。そう思ったときに、声に出して読んで伝えたいと欲しました。それで、こうして熱心に現代語訳をつづけております。

やがて、五年間寝たきりのまま生きて母が死にました。母を送って三年生きて父が死にました。仏教には最後まで見向きもしませんでしたから、わたしの試みは、かれらの死には何の役にもたたなかったのかもしれません。

でも、わたしは影響を受けました。日本の古典文学はみんな仏教文学だということもわかりました。『源氏物語』や『梁塵秘抄』や謡曲や、各種説話集や説経節、落語なんかとも同じジャンルだと思えば、読みやすくなりました。

信心はいまだに持てません。考え方には影響を受けました。いちばん大きかったのは「般若心経」。お経のなかでは型破りな構成で、短くて、ファンタジー的なものは出てこなくて、世の音を見るという名の修行者が（観世音ボサツのことですが）ひたすらリアルに自分が体得した真理を語るわけです。現代語に訳してみると、シンプルで、力強く、哲学的です。ものごとを見る、観る、把握し、考える感覚を分析していくと、その一つ一つの要素がいちいち「無い」という。わたし自身も「無い」。わたしを取り巻くすべてが「無い」。その主張を凝視していきましたら、悩みやこだわりや執着があっても、悩まなくこだわらなく執着もしなくなっていくことができたような。年のせいかもしれません。いろんな欲望は薄れてきている。経験値は上がっている。その上にこの「空《くう》」で、どんどん生きるのが楽になっていくのです。

八年の間独居して、妻の死んでいくのを見つめ、自分が死に近づいていくのも見つめていた父は、いったい自分の死をどんなふうに捉えていたのかわかりません。彼は考えてなかったと思っていましたが、もしかしたら方法がわからなかっただけで、四六時中考えつめていたのかもしれません。結局、死なんて、ただ寂しいだけのことで、たいしたことじゃなかったのかもしれません。「臨終はかみすぢきるが程の事」（臨終は髪の毛いっぽん切るようなこと）と法然（1133〜1212）も言っています。

独居する父に会いに、一と月半ないしは一と月に一回、カリフォルニアから熊本に通っていました。カリフォルニアにいるときは毎日数回ずつ電話をしていました。父は孤独死への恐怖にもだえていました。世間で人が孤独死して、何週間か何か月後かに発見されたということがあると、新聞が書きたてる、「また孤独死！」と。それを読むたびに父は不安に駆られて、電話をかけてきた娘に「おれも孤独死するんじゃないか」と言うのでした。

いくら娘が頻繁に帰ってきても、電話をかけてきても、毎日の生活はヘルパーさんたちで保たれていても、父は孤独と退屈で死にそうになっていました。そして電話をかけると、かならず、新聞で読んだ、テレビで見た、孤独死の話を話し出し、「おれもああなる」と言うのでした。言う方もつらいんだろうけど、遠く離れている娘としても、身を切られるようなつらさでありました。

有名人の自殺や乱射事件は、メディアが書きたてると真似する人が増えるというのが定説です。孤独死だってそうだ。メディアが書きたてるから、老人たちがむやみに怖れる。世の中が多様になって、昔みたいに生まれ育ったところから離れずに生きて死んでいく人ばかりじゃなくなっている。孤独死を怖れていたんじゃ若いときにどこへも行けない。高齢者たちのためにも、私みたいな遠くに住む娘たちのためにも、メディアよ、囃《はや》したてないでもらいたいと何度思ったことか。

「生ぜしもひとりなり、死するも独《ひとり》なり」と一遍も言っています。「ひとりに、ひとりきりに、なりはてることが『死ぬ』ということだ」と。

でもまた、こうも考えた。昔から人は、独りで死ぬことへの怖れを心のうちに抱えていて、それが宗教の原動力になっていったのではないか。仏さまや菩薩さまが迎えにきてくれるから、死ぬときは独りじゃない。それが信心の中心にあるんではないか。

独りで死ぬことへの怖れとともにあるのは、そのときに痛かったり苦しかったりしたらいやだという思いです。こんなことがありました。

母が死んで、斎場から戻ってきて、みんな疲れてため息をついて寝たその明け方、父が大きな声でねぼけました。「おい」と近くにいるらしい母に呼びかけて「死ぬときゃアレかい？　痛いかい？」と聞きました。それもまた、人のずっと抱えてきた怖れであり、疑問であるのだろうと思ったしだいです。

「願わくは弟子等、命終《みょうじゅう》の時にのぞんで、心顚倒《てんどう》せず、こころ錯乱《しゃくらん》せず、こころ失念せず。身心《しんじん》にもろもろの苦痛なく、身心快楽《けらく》にして、禅定《ぜんじょう》に入るが如く」（死ぬときには心あわてず、心みだれず、心うしなわず、身にも心にも苦痛なく、身も心もきもちよく、悟りに入るように、おだやかにいられますように）と言ったのは善導（６１３〜６８１）です。

もうひとつ気がついたのは、人は、死んだ後のことを怖れているということです。息が絶えて死体になったら、後は何も感じない。何も考えない。暗転してそれっきり。それが怖い。その後も意識はそのまま続いていくと信じるために、人々は死後の世界を作り上げたのではないか。死んでも意識はそのまま続く、仏や菩薩が迎えに来てくれて向こう側に連れていってくれる、ここは違うが、自分の意識はずっと続く、という。

さっきの善導のことばの続きはこんなふうです。

「仏さまがたがお迎えにいらしって、本願のちからに乗せて、わたしを阿弥陀様のお浄土に、つれていってくださいますように」

どうか、死ぬときは独りで苦しみませぬように。

どうか、死体になっても、それが朽ちても、この意識はずっとつづきますように。

これが人を宗教に向かわせた原動力なのかなと思いました。

開経偈《かいきょうげ》「今、出遭いました」

無《む》上《じょう》甚《じん》深《じん》微《み》妙《みょう》法《ほう》　百《ひゃく》千《せん》万《まん》劫《ごう》難《なん》遭《そう》遇《ぐう》
我《が》今《こん》見《けん》聞《もん》得《とく》受《じゅ》持《じ》　願《がん》解《げ》如《にょ》来《らい》真《しん》実《じつ》義《ぎ》

なによりもすばらしく
ふかくうつくしく妙《たえ》なる法がここにあります
いのちは生き変わり死に変わりしますから
なかなか出遭うことができません
それなのにわたくしは今、出遭い
見て、聞いて、ゆさぶられ
しっかりと心にとめました
目ざめた人の真実のことばを

解りたいと心からねがっております

開経偈とは

これは、人々があつまって読経や礼拝を始める前に唱える偈です。

偈とは、詩のかたちで書かれたお経のことで、本来は韻文でしたが、この現代語訳では自由律にしてあります。お経／経典／経文とは、仏教をつたえる文章です。

わたしはまず「じんじんみみょう」という言葉に惹きつけられました。今の漢字の音とは少し違う。そのすきまのような違和感にふと耳をとめる。すると、喉の奥の痺れるような感じがねっとりとからみついてくる。そこから「ひゃくせんまんごう・なんそうぐう」まで「ん」と「おう」がリズミカルにつながっていく。そして「がこん」から、音楽で言うところの変調をして、「我」が口をきりりとむすんで、手をにぎりしめ、前を向いて、真実に立ち向かっていくわけです。

仏教では、生は生き変わり死に変わりしていくものと考えるそうです。何に生まれ変わるかわからない。人か虫か動物か。たとえ人に生まれ変わっても、仏教のない場所に生まれていれば出遭いもしなかったわけです。この時代にこの土地に生まれて仏教を知り得た。めぐりあう縁があった。

九〇年代、セーラームーンの主題歌の「ムーンライト伝説」が、同じ星の上に同じ時期に生まれてめぐりあったということを「ミラクルーロマンスーー」と歌っていました。開経偈のことばについて考えるたびに、この歌が、わたしの頭の中に鳴りわたるのです。昔の人がこの歌を知っておれば、奇蹟浪漫などと偈の中に使ったかもしれないとすら思っています。

三帰依文《さんきえもん》
「仏教に出遭えたミラクル」

人身《にんじん》受け難し、今已《すで》に受く。仏法《ぶっぽう》聞き難し、今已に聞く。此身今生《こんじょう》において度せずんば、更に何れの生《しょう》においてか此身を度せん。大衆もろともに、至心《ししん》に三宝《さんぼう》に帰依したてまつるべし。自ら仏に帰依したてまつる。当に願わくは衆生とともに、大道《だいどう》を体解《たいげ》して、無上意を発《おこ》さん。自ら法に帰依したてまつる。当に願わくは衆生とともに、深く経蔵《きょうぞう》に入りて、智慧海の如くならん。自ら僧に帰依したてまつる。当に願わくは衆生とともに、大衆を統《とう》理《り》して、一切無碍《むげ》ならん。

わたしたちは人間としてなかなか生まれません。
でも今、生まれました。
わたしたちは仏法になかなかめぐりあえません。
でも今、めぐりあいました。

今の生で真理を知ることができなければ、
どの生でそれができるのか。今しかないのです。
おあつまりのみなさん、さあ、ごいっしょに、心をこめて
三つの大切なものにおすがりいたしましょう。
まず真理を知った方。わたしはこの方におすがりします。
生きとし生けるものとともに
ただしい道をあるいて、真理をしっかり知ることができますように。
次にそのおしえ。わたしはこのおしえにおすがりします。
生きとし生けるものとともに
お経をよんで、海のようにひろびろと見きわめる力を得られますように。
それから僧。わたしは導いてくださる僧におすがりします。
生きとし生けるものとともに
みなさんと心を一にして、一切のわずらわしさから自由になれますように。

三帰依文とは

三宝《さんぼう》（仏・法・僧）をうやまうというのは仏教の基本ですし、それにかんするお経はどの宗派にも

あるそうですが、少しずつ表現が違います。これは浄土真宗のもの。仏をうやまいます、その教えをうやまいます、それを実践し保つコミュニティ（教団／サンガ／僧伽《そうぎゃ》）をうやまいますという誓いとともに、「開経偈」でも出てきた「仏教に出遭えたミラクル」をたからかに歌いあげたお経です。

「ミラクルを讃える」、この言い回しを、いつから仏教の人々が使い始めたのか。

パーリ語で書かれた「ブッダの真理のことば」にこうある。

「人間の身を受けることは難しい。死すべき人々に寿命があるのも難しい。正しい教えを聞くのも難しい。もろもろのみ仏の出現したもうことも難しい」

「真理のことば」は、原語でダンマパダ、また漢訳して「法句経」とも呼ばれ、最古の経典の一つで、訳者の中村元先生も「かなり古い」とおっしゃる古さ（岩波文庫版あとがき）。

それから浄土三部経の一つ、「無量寿経《むりょうじゅきょう》」にはこうある。

「寿命、はなはだえ難く、仏の世、また値《あ》い難し」

これはサンスクリットからの漢訳が康僧鎧《こうそうがい》、岩波文庫の和文書き下しは早島鏡正。

この二つの経典、数百年は隔たってると思うんですが、ミラクルの部分は同じです。

冒頭の「人身」は、浄土真宗では、なんと、「にんじん」と読むそうです。天台宗では「にんしん」と読むそうです。じんしんが、にんじんで、にんしんか。「分別《ふんべつ》がある」と「分別《ぶんべつ》をする」とのように、似てるのに全然違うなあと何度考えたことか。

三宝礼《さんぼうらい》
「みをかがめます」

一《いっ》心《しん》敬《きょう》礼《らい》十《じっ》方《ぽう》法《ほう》界《かい》常《じょう》住《じゅう》仏《ぶー》
一《いっ》心《しん》敬《きょう》礼《らい》十《じっ》方《ぽう》法《ほう》界《かい》常《じょう》住《じゅう》法《ほう》
一《いっ》心《しん》敬《きょう》礼《らい》十《じっ》方《ぽう》法《ほう》界《かい》常《じょう》住《じゅう》僧《そう》

目ざめたかたがいちめんにみちみちておられる
ただひたすらにうやまいつつ
わたくしはみをかがめます
真理を知るためのおしえもいちめんにみちみちて
ただひたすらにうやまいつつ
わたくしはみをかがめます
真理への道をあゆむ人々もいちめんにみちみちて
ただひたすらにうやまいつつ

わたくしはみをかがめます

三宝礼とは

これもまた「三宝」について。

「一心」「敬礼《きょうらい》」「十方」「法界」「常住」。

一つ一つのことばには深くて遠い意味がありますが、そのことば群の後に、いつもの「仏・法・僧」をならべただけで、そのわずかに違いながらずれていくところが、まるでミニマル・ミュージック（反復しながら少しずつ変化していく現代音楽）を聴いてるように美しい。

浄土宗の安達俊英師に、いつか、こんなふうに教えてもらいました。

「仏さま、どうぞよろしく、なにとぞ教えがよく理解できますように。そして皆と一緒に修行がすすみますように……というほどの意味なんですよ」

秋篠寺伎芸天

初めて会ったのは大学一年の夏です。とんでもなく遠い道を、てくてく歩いて、秋篠寺のこの像の前にたどり着きました。……いえ会ったなどとまるで「ひと」のように。ほんとはここで敬語を使いたいのですが、それでは本質を見失ってしまうような気がするので使いません。

高校時代の友人と二人連れで、あちこち旅していたのでした。友人は美大にすすみ、わたしは文学部にすすんで詩を書き始めたばっかりでした。

「うちのおかあさんに似てる」と友人が像を前にして言いました。たしかにそのとおり、ふくよかで落ち着いた中年の女に見えました。その表情と、体型と、像の置かれた暗がりが、妙に心に残りました。

それからわたしは何度、一人旅してそこに立ち戻ったかわかりません。何にそんなに惹かれるのか、考えないいまま、何度も何度もその前に立ちました。

数年前のことです。わたしは『日本霊異記』の語り直しを試みておりました。*『日本霊異記』は、九世紀の初め、僧の景戒《きょうかい》によって書かれた、日本でいちばん古い仏教説話集です。古いだけに人々の考え方もまったく古代で、仏教といっても後代の仏教とはずいぶん違い、何もかもがおどろくほどストレートにむき出しに語られているのでした。

中巻第十三縁は、修行僧が吉祥天の塑像に恋をして、夜な夜な夢の中で交接し、しかし現実にも、塑像の裳裾に精液が固まって盛り上がっていたというすごい話（わたしの妄想も入っています）。

読みながら、まず思い浮かべたのが、この秋篠寺の伎芸天。でも吉祥天じゃないし、塑像でもない（頭は乾漆造、体は木造）。他もあたってみたんですが、東大寺の吉祥天（塑像）も、浄瑠璃寺の吉祥天（木造）も、なんだかいまいち違うんです。女の体臭と体温がむんむんして、修行僧の熱意にほだされて交接してしまうような人情味のある存在といえば、やはりこれだと思ったのです。

わたしは二十年ぶりに秋篠寺に行ってみました。昔はとんでもなく遠い道をむやみと歩いてへとへとになって行き着いたものですが、このたびは電車とバスを乗りついだら行けました。そしてそこに、あの像が何にも変わらず息づいているのを見ました。わたしはこんな天女像を描き出しました。

「よく見れば、古びた塑像、目の端も口許も禿げて、ぼろぼろ毀《こわ》れてきている。指の先も欠けている。目尻にはしわ、皮膚にはくすみ、腹だって、首だって、たるんでいる。何人も子どもを産んだ女のように乳は垂れている。

作られたそのころは、粘土のつやもよく、なめらかで、すべすべして、赤や青、金や銀の色に塗りたくられていたはずだ。咲く花のようににおいわたっていたはずだ。もっと若かったころは、男か女かわからない、木の枝のような手や足をふりまわしながら、とびはねていたはずだ。

女というものはそれでいいのだ。経血は流すし、乳は出すし、子は生むし。年を取れば婆あになる。どんなすがたもこの天女像には見ることができる」

十代の終わりにめぐり合ったこの像が、わたしが女について考えるとき、いつもわたしの心の中にいて、「女とは」「女の肉体とは」「女が年を経ることとは」と考えを補強してくれました。

惹かれた理由はもうひとつあります。今更ながら思い当たりました。

美術や文学でやっていこうとさだめたばっかりの十代少女にとって、伎芸天はまさに同志でした。吉祥天や弁財天の司る福徳や家内安全や恋愛成就なんてどうでもよく、それよりも、伎芸、技術、技能、それを武器にして世を渡っていった天女に自分の行く道をかさねたのだと思うのです。

再会からまた数年が経ちました。わたしは最初に出会ったときの天女より、ずいぶん年上になりました。今でも秋篠寺に行けば、お堂の中のあの暗がりで、年下の天女像がわたしを待ってくれているような気がしてなりません。その前に立つとすっと動いて、今後の女としての生き方を指し示してくれるような気がしてなりません。

＊『日本ノ霊異《フシギ》ナ話』は『日本霊異記』をもとに語り直した作品集です。

空

数年間仏典ばかり読んでいた。今じゃいっぱしの仏教通である。人にときどき聞かれる。影響を受けたかとか、役に立っているかとか。答えは、うーむ、たぶんイエスである。

そもそもお経でいちばん惹かれたところは、それが語りだという点だ。詩人のわたしが詩を書く上で、ずっと追いかけてきた詩と語りの融合体、能も説経節もその中に入るのだが、そういうものを作りたいとずっと考えてきたのだが、お経というのもまったくその一つだと思い至った。

大乗仏教が成立した頃、「法華経」とか「阿弥陀経」とか、町から町へ、辻から辻へ遊《ゆ》行《ぎょう》する、文字通りの説経師によって語られて広められていったと何かで読んだ。読んだときは、あまりの符合に膝を打った。たしかにお経は、どのお経も、語り物として語ったらおもしろいだろうという作りなのである。ボケとツッコミが対話したり、同じ一節を全方角を向いてくり返したり。

それでハマって読みあさった。わかったのかと言われると返事できない。表面的に読んでるような気がするし、覚えてもいない。でもこれはおもしろい、という手応えはしっかりある。忘れたら、必要なときにまた読み返せばいいのである。でも仏教からどう影響を受けたか、何か変わったかと聞かれれば、「般若心経」だ。

「般若心経」は漢文から翻訳してみた。解説書や研究書をいろいろと読んで勉強もした。そうして自分のことばに移し替えた。すると、宗教というより哲学だった。

あの有名な一節、「色不異空、空不異色、色即是空、空即是色」。

「色」のシキは、赤や青のイロじゃなく、「存在するもの」みたいな意味だ。「空《くう》」は「ない」という意味だ。つまり、訳すとこうなる。

「ある」は「ない」にことならない。

「ない」は「ある」にことならない。

「ある」と思っているものはじつは「ない」のである。

「ない」と思えばそれは「ある」につながるのである。

ここからはじまって、この三百字にも満たないテキストに書いてあるのは、何もかもを否定すること。ない、ない、ない、ない、ない、と。

わたしはそれを訳して詩にした。とてもいい詩になった。詩人の仕事の一つは朗読だから、それをあちこちで朗読している。何百回じゃきかないくらい朗読してきた。

ない、ない、ない、ない、ない、とくり返してるうちに、自己暗示というかなんというか、「ない」ということが、五臓六腑に染みわたった。

すべてのものが空なのだ、ないのだと素直に思えるようになってきて、度一切苦厄（一切の苦しみや災いから抜け出ることができた）。

わたしは凝り性で、執着しやすく依存しやすい。どんなつまらないことでも、ハマったが最後、突きつめるまでやめられない。それでずいぶん生きづらかった。でも、ない、ない、ない、と考え始めてからは、この執着依存体質を持っていても、生きやすくなったような気がしてしかたがない。

最後の「ぎゃーてい」の前に、本を閉じて会場を見渡す。一人一人の顔がはっきりと見える。かなりの間を置いて、やおら、腹の底から声を出す。ぎゃーてい、ぎゃーてい。

そもそも、歌の歌詞は「あ」音にかぎるとつねづね思ってきた。春のうららも、菜の花畑に入り日薄れも、春の小川はさらさらいくよも、「あ」音が基本だから、喉も胸もすなおに開いて、なつかしく歌いやすい。

はーらーぎゃーてい、はらそうぎゃーていと口に出しながら、喉も胸もいっぱいに開く。そうして心がすっきりと晴れていくのである。

般若心経《はんにゃしんぎょう》
「完成に向かって」

観自在菩薩《かんじざいぼさつ》。行深般若波羅蜜多時《ぎょうじんはんにゃはらみたじ》。照見五蘊皆空《しょうけんごおんかいくう》。度一切苦厄《どいっさいくうやく》。舎利子《しゃりし》。色不異空《しきふいくう》。空不《くうふ》異色《いしき》。色即是空《しきそくぜくう》。空即是色《くうそくぜしき》。受想行識《じゅそうぎょうしき》。亦復如是《やくぶにょぜ》。舎利子《しゃりし》。是諸法空相《ぜしょほうくうそう》。不生不滅《ふしょうふめつ》。不垢《ふく》不浄《ふじょう》。不増不減《ふぞうふげん》。是故空中《ぜこくうちゅう》。無色無受想行識《むしきむじゅそうぎょうしき》。無眼耳鼻舌身意《むげんにびぜつしんに》。無色声香味触法《むしきしょうこうみそくほう》。無眼界《むげんかい》。乃至無意識界《ないしむいしきかい》。無無明《むむみょう》。亦無無明尽《やくむむみょうじん》。乃至無老死《ないしむろうし》。亦無老死尽《やくむろうしじん》。無苦集滅道《むくしゅうめつどう》。無智亦無得《むちやくむとく》。以無所得故《いむしょとくこ》。菩提薩埵《ぼだいさった》。依般若波羅蜜多故《えはんにゃはらみたこ》。心無罣礙《しんむけいげ》。無罣礙故《むけいげこ》。無有恐怖《むうくふ》。遠離《おんり》〔一《いっ》切《さい》〕顛倒夢想《てんどうむそう》。究竟涅槃《くきょうねはん》。三世諸仏《さんぜしょぶつ》。依般若波羅蜜多故《えはんにゃはらみたこ》。得阿耨多羅三藐三菩提《とくあのくたらさんみゃくさんぼだい》。故知般《こちはん》若波羅蜜多《にゃはらみた》。是大神呪《ぜだいじんしゅ》。是大明呪《ぜだいみょうしゅ》。是無上呪《ぜむじょうしゅ》。是無等等呪《ぜむとうどうしゅ》。能除一切苦《のうじょいっさいく》。真実不虚《しんじつふこ》。故説《こせつ》般若波羅蜜多呪《はんにゃはらみたしゅ》。即説呪曰《そくせつしゅわっ》。羯諦羯諦《ぎゃていぎゃてい》。波羅羯諦《はらぎゃてい》。波羅僧羯諦《はらそうぎゃてい》。菩提薩婆訶《ぼじそわか》。般若心経。

〈薄暮。川のほとり。階段ができている。三十〜四十人の聴衆のいる場。川の向こうで、ブッダがめいそう中。階段の上に立って話をしているのは、かんのん。修行者であり、ぼろぼろの糞掃衣《ふんぞうえ》を着ている。目を輝かせて生気に溢れ、身体をいつも動かさずにはいられないような話し方、やや早口。三十歳～五十歳。女でも男でもtransgenderでも。階段の一段下がったところにいて、かんのんを見上げているのは、しゃーりぷとら。修行者であり、男であり、ぼろぼろの糞掃衣を着ている。かんのんよりは年上。禿《はげ》が好ましい。かんのんが、聴衆のほうを見て、立ちあがって口を開く）

わたしは共感する者であります。

人の苦がありありと目に見えるんです。

共感しながら、人々を向こう岸へ渡したいと思っています。

今日は、わたしの発見したことを話します。（かんのんはちらりとブッダのほうを見る。ブッダ、めいそう中にて反応なし）

わたしという存在が。

色《あ》る。

色《あ》ることを受《うけとめ》る。

それについて想《おも》う。

わかろうと行《す》る。

識《わか》る。

これが「わたし」という存在をつくるプロセスだということ。

そしてさらにわかったんです。

そのいちいちのプロセスは「空《から》っぽ」だということ。

そう考えたら、たちまち、
苦だらけの日々からスッキリと苦が抜けました。

（しゃーりぷとらは怒ったような顔をしてかんのんをみつめる）

聞いて、しゃーりぷとら。

「色《あ》る」と「色《あ》るが空《な》い」はちがわない。

「色《あ》るが空《な》い」と「色《あ》る」はちがわない。

「色《あ》る」は「空《な》い」で
「空《な》い」は「色《あ》る」だ。

そしたら、色《あ》る・受《うけとめ》る・想《おも》う・わかろうと行《す》る・識《わか》るについても、ひとつ、ひとつ、同じように考えてみる。

（しゃーりぷとら、首をかしげて立ち去りかける。かんのんは挑発するようにつづける）

しゃーりぷとら、ここから見れば。

存在するものはすべて「空《な》い」のだ。

生《うまれ》て不《な》い。

滅《しん》で不《な》い。

垢《きたな》く不《な》い。
浄《きよ》く不《な》い。
増《ふえ》て不《な》い。
減《へっ》て不《な》い。
（しゃーりぷとらはぷんぷん怒る。そんなわけあるかいと言わんばかり）
つまりこうだ、「空《な》い」と考えれば、そこには、
「色《あ》る」も無ければ。
「受《うけとめ》る」も無い。
「想《おも》う」も無い。
「わかろうと行《す》る」も無い。
「識《わか》る」も無い。
そしたら、こうも言える。（かんのんの身体が揺らぎはじめる）
「目」も無い。
「耳」も無い。
「鼻」も無い。
「舌」も無い。
「皮膚」も無い。

「心」も無い。
そしたら、こんなことも言える。（かんのんは踊りはじめる）
「目でみるもの」も無い。
「耳できくもの」も無い。
「鼻でかぐもの」も無い。
「舌であじわうもの」も無い。
「皮膚でさわるもの」も無い。
「心でおもうもの」も無い。
人が生きる。（かんのんは力をこめて）
「みる」から「かんがえる」まで
いろいろのプロセスがつながっていく。それを生きる。
それがいちいち苦につながる。でも。
「目でみる」は無いのだった。
「目でみる」は無い、も無いのだった。
それからつながるプロセスもいちいち無いのだし、
「心でおもう」も無いのだった。
「心でおもう」は無い、も無いのだった。

人が生きる。(かんのんは力をこめて)
「何も知らない」から「老いて死ぬ」まで
いろいろのプロセスがつながっていく。それを生きる。
それがいちいち苦をうみだす。でも。
「何も知らない」は無いのだった。
「何も知らない」は無い、も無いのだった。
それからつながるプロセスもいちいち無いのだし、
「老いる死ぬる」も無いのだった。
「老いる死ぬる」は無い、も無いのだった。
(しゃーりぷとらは頭をかしげて聴き入る)
ああ、苦しい。
苦しみの原因があるからこんなに苦しいのだ。
でもそれは無くせる。
そのために道がある。
(しゃーりぷとら、うなずく)
こんなことを考えてきたが、それも無い。
(しゃーりぷとら、動揺する。かんのんは激しく踊る)

無い。無い。無い。無い。無い。絶叫するしか無い。
（かんのんは足を踏み鳴らす）
ダカラ。
修行者はみなコレを知る。それで、
心をさえぎるものが無くなる。
さえぎるものが無くなるから、恐怖も無くなる。
うろたえて蹴つまづいてひっくり返って思いなやむなんてことも無くなる、
心がひろびろと解き放たれる。
過去も、現在も、未来も、
向こう岸に渡った人たちはみなコレを知っていたし、
知っているし、
これからも知るだろう。
（かんのんはふたたび足を踏み鳴らす）
ダカラ。
知れ、さあ知れ、いま知れ。
知らずにおられるか。
（かんのんはうずくまり、小声でささやく）

ああ、すごいことばだ。
光にみちて。
あんなに高いところにあって。
ならぶものなんてどこにもなくて。
口に出してとなえれば、
どんな苦も抜ける。
ほんとうだ、これだけは、空《な》いじゃ不《な》い。
(かんのんはゆっくりしずかに足を踏み鳴らす)
ダカラ。
しゃーりぷとら、そしておあつまりのみなさん。
わたしはつたえます、このことば。
完成にゆきつくための真のことば。
(かんのんは充分な間をとって、ことばを呼び寄せる)
ぎゃーてい。
ぎゃーてい。
はーらーぎゃーてい。
はらそうぎゃーてい。

ぼーじーそわか。

（かんのんがにっこりと笑う。しゃーりぷとらも人々もことばから解放される。我に返る）

般若心経でした。

般若心経とは

とても短くて、いちばん人々にとなえられているお経です。フルネームは「摩訶《まか》般若波羅蜜多心経」（大きな智慧《ちえ》の完成の大切なお経）。日本でも日蓮宗・浄土真宗の他は、どの宗派もとなえます。いろんなとなえ方があるのは、YouTubeで検索するとほんとによくわかります。真言宗の「般若心経」は、低音の年取ったダミ声と高音の若い声がうねりくねり、出会ったり離れたりしていたし、韓国語の「般若心経」はリズミカルな太鼓の音をひびかせ、それがとても空っぽで、そこに人の声がかみしめるように語っていました。初音ミクが「般若心経」を歌いながらダンスするのもありました。クラブで電子音楽のリズムで踊れるようになってるのもありました。もちろんふつうにお坊さんがとなえているのもたくさんありました。

わたしたちが知っているのは七世紀に玄奘三蔵《げんじょうさんぞう》（602〜664）が訳したものですが、五世紀の初めには鳩摩羅什《くまらじゅう》（344〜413）も訳しています。

玄奘は、アヴァローキテーシュヴァラを、観自在菩薩（自由自在に見るボサツ）と呼び、鳩摩羅什は、観世音菩薩（世の音を見るボサツ）と呼びました。

自在に見る？　世の音を見る？

それってどういうこと？

曹洞宗の藤田一照師に、いつかその意味をたずねてみました。一照師が、うむ、とちょっと考えて、笑っているようなまじめな表情で（一照師はいつもそうなのですが）答えてくれました。

「人々の苦を、共感する存在」

二《に》河《が》白《びゃく》道《どう》「河を渡る」

たとえばここに人がいて
西にむかって長い道のりを歩いているといたします。
行く手に忽然と現れたのは、二つの河。
一つは火の河、南に流れます。
もう一つは水の河、北に流れます。
二つの河はともに幅が百歩《ぶ》ほど。深さは底なし。
南北に岸は見あたりません。
水河と火河の間には一本の白い道がありました。
道幅は四、五寸ばかり。
道は東の岸から西の岸に至ります。
その長さはほぼ百歩。
水河からの波浪が道を濡らします。

火河からの火炎が道を焼きます。
水と火がしばしの間もなく襲いかかってくるのでした。
この人はずっと旅して
この広々としたところにやってきたのであります。
人影は見えません。
しかしおびただしい群賊や悪獣が
この人が独りなのを見て
殺してやろうと追いかけてくるのでした。
この人は死を怖れて西に向かって走り出しました。
そこに忽然と現れたこの大河でありました。
そのときこの人は考えました。
「この河には南に行っても北に行っても岸がない。
まん中に白い道が一本あるが狭くて小さい。
岸と岸の距離は近いのだが通れそうにない。
今日こそわたしは死ぬのに極《き》まっているのだ。
来た道をもどれば群賊や悪獣に追いつかれるだろう。
南か北に逃げれば悪獣や毒虫に襲われるだろう。

西に向かって道をゆくにしても
この水と火の河にきっと堕ちてしまうだろう。
言うまでもないことだが怖ろしくてたまらない。
でも今はこう考えよう。
もどったら死ぬ。とどまっても死ぬ。すすんでも死ぬ。
どうしたって死をのがれられないのなら
わたしはむしろ道をもとめて前に向かおう。
道がある。きっと渡れる」
こう思ったとき、東の岸に誰かの励ます声がしました。
「ひたすらに信じてこの道を行け。
死んでしまうことは絶対にない。
ここにとどまれば死ぬことになる」
すると西の岸の上にも人がいて、こう喚《よ》ばわりました。
「一心に念仏をとなえながら、こっちにおいで。
わたしがおまえを護《まも》ってやる。
水も火もなんにも怖れなくてよい」
行け

という声。
来い
という声。
それを聞いてこの人は身も心もしゃんと保ち
かたく信じて道をまっすぐに進んでゆきました。
疑ったり怯えたり戻りたくなったりする心も
生まれてはきませんでした。
少し行った頃に東の岸で群賊どもが喚ばわりました。
「おうい、もどって来いよ。
そんな険しい、悪い道を行くんじゃない。
行き着かないうちにきっと死んじゃうぞ。
おれたちは何もおまえに
悪いことをしようというのじゃないのだ」
その声を聞いてもこの人は後戻りせず
ひたすら歩いて道を念じて進んで行きましたら
まもなく西岸にたどりつき
苦しみから解き放たれ

良き友に再会をはたし
喜びにみちた笑い声はやむことがありませんでした。
これは譬えです。

二河白道とは

中国の浄土教を確立した善導（613〜681）の「観無量寿経疏《かんむりょうじゅきょうしょ》」（「観経疏《かんぎょうしょ》」）の中に出てくる話です。これは、親鸞（1173〜1262）の『教行信証』に収められたものから訳し出しました。東の岸にいるのはお釈迦さま、西の岸の上にいるのは阿弥陀仏。極楽に往生したいと願う信心についての譬えばなしです。

二河白道
「河を渡る」

源信《げんしん》の白骨観《はっこつかん》
「ホラホラ、これがおれの骨だ」

此骨《このほね》を我《わ》れと為《な》すや、我れに非《あら》ずと為すや。答へて謂《い》ふ、我れに非ずとせば、身を離れず自他彼此《じたひし》ともに白骨《はくこつ》なり。身命財《しんみょうざい》の三つ離れ散ずるの時、たゞ白骨のみ残つて野辺《のべ》にあり。予《よ》の年齢《よわい》すでに七旬《しちじゅん》に満つ、既に此白骨を顕はす須臾《しばし》なり。悲《かな》い哉《かな》、此の白骨を顧《かえり》みずして名利《みょうり》の心地常《つね》に断《だん》ぜず。手を以《もっ》て摩触《なでふる》ゝに何ぞ穏有《おんゆう》あらん。倩々《つらつら》一期の栄華を思案するに、たゞ白骨を帯びて歳月を送る。白骨上に衣裳を荘着《そうじゃく》し、白骨の身を以てたゞ世を渡るとも、此白骨久しく世に在らず。憑《たの》みても憑《たの》み難《がた》きは薄皮《はくひ》白骨なり。願わくば仏神《ぶっしん》この白骨を哀み、臨終正念往生《りんじゅうしょうねんおうじょう》を遂げさせ給《たま》へ。

問いはこうだ。
この骨はおれなのか、おれでないのか。
答えはこうだ。

おれでないとしたところで、この肉体から離れてない。
おれもあいつもみんな白骨。
死んですべてがおれから離れたならば
野辺には白骨だけがしろじろと残る。
おれだってもう七十。
あと少しで白骨になる。
それなのに名や利をほしがる気持ちは無くならない。
手でからだを撫でまわしてみる。
あるある、白骨が。
隠しようもなく。
それでもおれは
はれがましいこと、ゆかいなことばかり追いかけて
生きる、この白骨をひきずって。
白骨のうえに
着ものを着こみ
白骨のくせに
むちゅうになって

世間を渡っていくけれども
いつまでもこの世にあるわけじゃない。
どんなに頼りたくとも頼りにならないのは
薄皮いちまいかむった
この白骨さ。
仏よ神よ、どうか
あわれんでください、この白骨を。
命終わるときには正気のままで
往生させてください、この白骨を。

九相詩《くそうし》「死体のあと」

第一　新死相《しんしのそう》　新たに死んだ人がいる

第二　肪脹相《ほうちょう》　死人の膚があぶらぎってふくれあがり

第三　血塗相《けっと》　血やら肉やらがどろどろと流れ出し

第四　方乱相　形が乱れてあさましく、首は首、手は手、足は足

第五　噉食相《たんしき》　鳥や獣が寄ってきて争って引いていき

第六　青瘀相《せいお》　残った肉が青ずみ草の色にまぎれ

第七　白骨連相《はっこつのれんそう》　野の中にしろじろと骨が連なり

第八　骨散相　その骨もいまは離れ離れに散りみだれ

第九　古墳相　やがて古塚ばかりが残るのだった

岩波文庫『玉造小町子《たまつくりこまちし》壮衰書《そうすいしょ》』の「九相詩」より

「白骨《はっこつ》」と「九《く》相詩《そうし》」

この頃わたしは死神のようだ。老病死のことばかり考えているから、道で人とすれちがったりしても、つい彼らの命数を、この人はあと二十年、この人はあと数年などと考えている。

そういう漫画があった。『DEATH NOTE』。おもしろい漫画だった。死神と取引した者が、他人の頭の上にその人の命数を見る能力を持つ。つまり今のわたしの状態はそれだ。違うのは、漫画で見えるのはほんとの命数だったが、わたしのはただの当てずっぽうというところ。当てずっぽうながら、それればかりやってると、わかってくることがある。

人間は、かならず年取る。という事実。

人間は、かならず死ぬ。という事実。

ところが若い人相手には、命数を見ようという気にならない。あと五十年などと思うと、それは無限とほとんど同意義だ。ほんとは無限じゃないのに、なんと能天気なことだろう。

この「白骨観」、書いたのは平安時代の僧、源信（942〜1017）である。

白骨といったら、有名なのが蓮如（1415〜1499）の「白骨の御文」。「それ人間の浮生《ふしょう》なる相《そう》をつらつら観ずるに、おほよそはかなきものは、この世の始中終《しちゅうじゅう》まぼろしのごとくなる一期《いちご》なり」ではじまるあの一文だ。こっちの方が源信のよりずっと有名で、浄土真宗ではお葬式のたびにこれが読まれるそうだけど、『読み解き「般若心経」』で読み解いたので、そちらを参照してください。

源信といえば『往生要集』。その文章は力強くてリズミカルで、クラクラするほど魅力的（原文は漢文で、わたしは後代の学者が読み下した漢字かな交じり文を読んでいるだけだが、魅力は伝わる）。

地獄を分類して並べて、こういう悪いことをしたらここに行く、ああいう悪いことをしたらあそこに行くと説いているのだが、その分類のしかたがマニアックで、ファンタジー漫画みたいで、じっさい『往生要集』を下敷きにしたような『鬼灯の冷徹』という漫画があり、地獄の描写がそのまま漫画になっている。『往生要集』から、わたしの好きな地獄を少し引用。

一には、屎泥処《しでいしょ》。謂はく、極熱の屎泥有り、其の味、最も苦し。金剛嘴虫《こんごうのくちばしのむし》、其の中に充ち満てり。罪人中に在つて、此の熱屎を食ふ。諸の虫聚《あつま》り集つて、一時に競ひ食ふ。皮を破つて宍《しし》を噉《は》み、骨を折《くじ》いて髄を唼《す》ふ。

（訳）まず、くそどろ地獄。熱々でどろどろのウンコがあるという。味はとにかく苦い。固くてとがったくちばしを持つ虫がその中にみちみちている。罪人は中に落とされ、この熱いウンコを食う。虫も集まってきて先をあらそって食う。罪人たちの皮膚をやぶり、肉を食い、骨をかじり、髄をすする。

どこまで源信の想像力か、どこまで経典から写したのか。荒唐無稽といえばそれまでだが、同じ荒唐無稽でも、第二章「欣求浄土篇《ごんぐじょうどへん》」の、きれいで豪華で匂いもよくてといったいいことづくめの浄土の描写より、ウンコが熱いの苦いの、それを食うのという地獄の描写の方がおもしろいのはどういうわけだろう。いやなこと、悪いこと、汚いこと、みつめたくないことを突きつめると、そこに、現実味や批評性が出てくるようだ。ウンコだゲロだといって喜んでいる小学生も、そのへんを無意識に感知してやってるのかもしれない。実はわたしも。

なぜ源信が白骨について書いたのか、調べてみて、もの知らずを恥じた。白骨を観察する修行法があったのだ。蓮如の「白骨の御文」もまた、冒頭に「観」ということばが使われていて、「白骨観」なのだった。

人が死んで死体になると、やがて腐ってふくれあがり、肉がくずれて骨から離れてばらばらになり、動物に食い荒らされ、溶けて消えて、骨が残って風雨に曝され、散らばって、やがて土に還る。その過程を九相という。九相を心で思い描いてみることで、人生は無常だとさとり、煩悩を取り除こうとするわけである。九相の中でも、とくに白骨の相を思い描くのが「白骨観」。

そこで取り出したのが愛用する白川静の『常用字解』である。

白という字についてこう書いてある。

「白骨化した頭蓋骨の形。風雨にさらされて肉が落ち、白骨になったされこうべの形であるから、『しろ、しろい』の意味となる」

今気がついた。「されこうべ」は「曝された頭《こうべ》」。

さて『常用字解』に戻ると、骨という字についてはこう書いてある。

「冎《か》は胸より上の骨の形。下部の月は肉の形。骨は肉つきの骨で『ほね』の意味となる」

なんと、白も骨も、字そのものが、九相図なのだった。

そう思うと今までなんとなく読んだり聞いたりしてきたことの中にも、あちこちに白骨観がある。九相図や九相詩がある。

謡曲の老女ものの原点はココだし、平安時代の古詩『玉造小町子壮衰書』の岩波文庫版には「九相詩」がオマケでついている。

落語は笑い話が元になってるはずなのに、「野ざらし」「らくだ」「黄金餅」「粗忽長屋」

「牡丹灯籠」……死人や死体や白骨がやたらに出てくる。当時の聞き手ならみんな知っていた「九相図」を思い起こさせ、笑わせながら仏道を説いていたのではないか。あるいは、仏道を説くふりをしながらひっくり返して笑わせていたのか。

時代は下がって中原中也の「骨」（ホラホラ、これが僕の骨だ）もまさにこれ。中也は九相図や九相詩を見聞きしたことがあるはずだ。

今まで何を読んでいたのか。ざる頭であった。死というものに、年取ったおかげで、こうして向き合えた。これまで見たり読んだりしてきたことをこうしてつなげることができた。年を取るのはほんとにおもしろい、と更年期以来何度も得た結論を、またここで得たわけだ。


母が死んだとき、わたしはカリフォルニアにいて、熊本の家に駆けつけるまで三日かかったのだが、納棺師さんが、ドライアイスとプロのわざでそれを覆い隠してくれた。お棺の中で、母は生きてるようだった。さわると冷え冷えと冷たかったので死人だった。次の日に親戚がやってきて、午後に出棺した。その間ずっと、母の顔には変化がなかった。

父は、若い頃、長い間、死に顔を見るとその顔しか思い出せなくなると言って、祖母も祖父も早く死んだ叔母のときも、見ようとしなかったのだが、このたびは、何度もよろよろと立ち上がってきては、母の死に顔をのぞき込んで、頰や口元を撫でていた。

何十年も前のことだ。当時結婚したばかりの夫の母親が死んだ。病院で納棺されて家に帰されてきて、嫁のわたしが化粧をした。死人に触るのも初めてなら、他人の化粧をするのも初めてで、どきどきしながらしおおせた。そのときはうまくできたと思ったし、駆けつけてきた義理の叔母さんたちがお棺をのぞき込んで、口々に、きれいだ、生きてるようだとほめてくれたが、まあ、決まり文句だった。時間が経つにつれ、顔は変化していった。化粧では死が覆い隠し切れなかった。そしてあれが決まり文句だった証拠には、みんなその変化を見ていたのに、だれもそれを口に出しては言わなかったということだ。

今どきは九相図なんてと一瞬考えて、いや、わが家にも愛読する九相図があったのを思い出した。

『死』という写真集。

著者は宮崎学、平凡社から一九九四年に出た。森の中に子ジカの死骸がある。それがほかの生き物たちに食われながら白骨になっていくようすを、写真家は何か月もかけて撮ったのだった。

わたしは小学校低学年だった子どもたちといっしょに、それを見た。子どもたちにとって、その本は、人の死骸になかなか出会えない今の世の中で、九相図のような役割を果たしていた。

子ジカが食われて爛壊《らんえ》（おっと、つい九相図用語が）していくのとは反対に、子ジカを食べに通ってくるタヌキがどんどんまるまるしてくるのが可愛らしく、可笑《おか》しく、また救いでもあった。子ジカの死というより、タヌキの生を見るために、なんべんもなんべんも、ページをめくったような気がする。

アメリカの路上には、ウサギやオポッサムやスカンクやコヨーテが、ひかれて死んでいる。アメリカ人はそれを「ロードキル」と呼ぶ。

このことばの主体は、殺した人なのか、殺されたけものなのか、あるいは殺すのに荷担した道路なのか。実にあいまいなことばだと思いながら、路上の死骸を見るたびに、わたしもそれを口にした。九相図を愛読した子どもたちに懇願されて、路肩に車を停め、みんなで死骸を観察しに出ていったりもした。

源氏物語表白《げんじものがたりひょうびゃく》
「紫式部の往生」

桐壺《きりつぼ》の夕《ゆふべ》の煙《けぶり》すみやかに法性《ほっしゃう》の空《そら》にいたり、帚木《ははきぎ》の夜の言《こと》の葉つゐに覚樹《かくじゅ》の花を開かん。空蟬《うつせみ》のむなしき世を厭《いと》ひて、夕顔《ゆふがほ》の露の命を観じ、若紫《わかむらさき》の雲の迎へを得て、末摘花《すゑつむはな》の台《うてな》に座せしめん。紅葉《もみぢ》の賀《が》の秋の夕《ゆふべ》には、落葉をのぞみて有為《うゐ》をかなしび、花《はな》の宴《えん》の春の朝《あした》には、飛花を観じて無常《むじゃう》を悟らん。たま〱仏教にあふひなり。賢木《さかき》葉のさして浄刹《じゃうせつ》を願ふべし。花散里《はなちるさと》に心を留むといへども、愛別離苦《あいべつりく》のことはりをまぬがるるためしなし。ただすべからくは生死流浪《しゃうじるらう》の須磨《すま》の浦を出でて、四智円明《しちゑんみゃう》の明石《あかし》の浦に身をつくし、関屋《せきや》の行きあふみちを逃れて、般若《はんにゃ》の清き砌《みぎり》に赴き、蓬生《よもぎふ》の深き草むらを分けて、菩提《ぼだい》の真《まこと》の道を尋ねん。何ぞ弥陀《みだ》の尊容を写《うつ》して絵合《ゑあはせ》にして、松風《まつかぜ》に業障《ごふしゃう》の薄雲《うすぐも》を払《はら》はざらん。生老病死《しゃうらうびゃうし》の身、朝顔《あさがほ》の日かげを待たん程也。老少不定《らうしゃうふじゃう》の境、乙女《をとめ》子が玉鬘《たまかづら》かけても猶頼み難し。谷立ち出る鶯の初音《はつね》も何かめづらしからん。鳧雁鴛鴦《ふがんゑんあう》の囀《さへづ》りにはしかじ。籬《まがき》にたはぶるる胡《こ》蝶《てふ》のただしばらくの楽《たのし》びなり。天人聖衆《てんにんしゃうじゅ》の遊びを思ひやれ。沢の蛍《ほたる》のくゆる思ひ、常夏《とこなつ》なりといへども、たちまちに智恵《ちゑ》の篝火《かがりび》にひきかへて、野分《のわき》の風に消《き》ゆる事なく、如来覚王《にょらいかくわう》の御幸《みゆき》に伴ひて、慈悲《じひ》忍辱《にんにく》の藤袴《ふぢばかま》を着《き》、上品蓮台《じやうぼんれんだい》に心をかけて、七宝荘厳《しつぽうしやうごん》の真木柱《まきばしら》のもとにいたらん。梅《うめ》が枝《え》の匂ひに心を留むる事なくて、浄土《じやうど》の藤《ふぢ》の裏葉《うらば》をもてあそぶべし。かの仙洞《せんとう》千年の給仕には、若菜《わかな》を摘《つ》みて世尊《せそん》に供養せしかば、成仏得道《じやうぶつとくだう》の因となりき。夏《なつ》衣《ごろも》たちゐに、いかにしてか一枝の柏木《かしはぎ》を拾ひて、妙法《めうはふ》の薪《たきぎ》となして、無始曠劫《むしくわうごふ》の罪をほろぼし、本有常住《ほんうじやうぢゆう》の風光を輝やかして、聖衆《しやうじゆ》音楽の横笛《よこぶえ》を聴《き》かん。うらめしきかなや、仏法《ぶつぽふ》の世に生れながら、家を出で、名を捨つる砌《みぎり》には、鈴虫《すずむし》の声《こゑ》振り捨て難く、道に入りかざりをおろす所には、夕霧《ゆふぎり》のむせび晴れがたし。悲しきかなや、人間に生を受けながら、御《み》法《のり》の道を知らずして苦海《くかい》に沈み、幻《まぼろし》の世を厭《いと》はずして世路《せいろ》を営まん事しかじ。ただ薫大《かをるだい》将《しやう》の香《か》を改めて、青蓮《しやうれん》の花ぶさに思ひを染《そ》め、匂兵部卿《にほふひやうぶきやう》の匂《にほひ》をひるがへしては、香《かう》の煙《けぶり》の粧《よそほひ》となし、竹川《たけかは》の水を掬《むす》びては煩悩《ぼんなう》の身を濯《すす》ぎ、紅梅《こうばい》の色を移《うつ》して、愛着《あいぢやく》の心を失ふべし。待つ宵の更《ふ》けるを歎きけん宇治《うぢ》の橋姫《はしひめ》にいたるまで、優婆塞《うばそく》が行ふ道をしるべにて、椎本《しひがもと》に留まる事なかれ。北邙《ほくばう》の野辺《のべ》の淡雪《あはゆき》と消えん夕《ゆふべ》には解脱《げだつ》の総角《あげまき》を結び、東岱《とうたい》の山の早蕨《さわらび》の煙《けぶり》とのぼらん朝《あした》には栴檀《せんだん》の蔭《かげ》に宿木《やどりぎ》とならん。官位《つかさくらゐ》を東屋《あづまや》の中《うち》に逃れて楽《たのし》み栄《はえ》を浮舟《うきふね》にたとふべし。これもかげろふの身なり。あるかなきかの手習《てならひ》にも、往生極楽《わうじやうごくらく》の文を書くべし。かれも夢《ゆめ》の浮橋《うきはし》の世なり。朝な夕なに来迎引接《らいがういんぜふ》を願ひわたるべし。南無《なむ》西方極楽弥陀《さいはうごくらくみだ》善逝《ぜんせい》、願はくば、狂言綺語《きやうげんきぎよ》のあやまちをひるがへして、紫式部《むらさきしきぶ》が六趣苦《ろくしゆく》患《げん》を救ひ給へ。南《な》無《む》当来導師《たうらいだうし》弥勒慈尊《みろくじそん》、かならず転法輪《てんぽふりん》の縁として、是をもてあそばん人を安養浄刹《あんやうじやうせつ》に迎へ給へとなり。

桐壺の巻で
更衣がおなくなりになりまして、
お身体は焼き場で焼かれて
たちのぼる煙とともに、
そのたましいも、すみやかに成仏なさいました。
帚木の巻で
公達《きんだち》がささやきあった恋のはなし。
あんななまめかしい思いもいつかは
ぼだいじゅの花がひらくように
さとりをひらくでしょう。
空蟬の巻で
残された衣のぬけがらのように、
人生はむなしいものでございます。
夕顔の巻で

露のようにはかなく消えた命をごらんなさい。
若紫
むらさき……といえば
死ぬるそのときには（むらさきいろの）
紫雲という雲がお迎えにくるそうで。
末摘花
というよりは、ハスの花のうてなに座りましょう。
紅葉の賀で
秋の夕べに落ちる葉を見て、
死にかわり生まれかわりする命をかなしみ、
花の宴で
春の朝に落ちる花を見て、
無常を悟るんでございます。
次は葵
こうして仏のおしえに出あおい（う、ちょっとくるしい）。
賢木という
さかしく、かしこい葉のように、

まっすぐに浄らかなところに行くことを願いましょう。
花散里の
散る花ばなに心を留めて生きていますが、
愛別離苦のことわりを
まぬかれることのできたためしはございません。

ただみなさん、きいてください。

あの
須磨の巻での
生き死にのような流浪のさまを、
あんなふうに人生の入り江をこぎ出だし、
四つのちえ。
ありのままをうつすちえ。
ものごとを平等にみぬくちえ。
ものごとをよく観察するちえ。
どうふるまえばいいかがわかるちえ。
この四つのあかあかとかがやくちえを、

明石
明かりのようににぎりしめ、
澪つくし
のように、身を、つくし、
関屋の巻での
ふたりの出会い、
そんな行き逢うみちを逃れて、
般若、つまり智慧を、
しっかり手に持って清いところにいきまして、
蓬生
の深い草むらをかき分けて、
さとりにいたるまことの道を尋ねましょう。
どうにかして阿弥陀さまのとうといおかおを写して、
絵合
にいたしまして、
松風
のようなすがすがしい風で

からだ・くち・こころの悪行による
薄雲
のようなかげりを払いましょう。
生きて老いて病んで死ぬ、この身は、
日のひかりにたちまちしぼむ。
朝顔
のように短い命。
老いもわかきも
いつ死ぬるかわかりません。
乙女
の髪には
玉鬘
をかけるものですけれども、
どんなに心をこめてかけた願いでも
なかなかかなえられることはありません。
みなさんは
谷のうぐいすの

初音
をもてはやしますけれども
極楽の鳥たちのさえずりにはかないません。
かきねにたわむれる
胡蝶
も生まれてしばらく生きるだけ。
天人やボサツさまのお声に耳をすませてごらんなさい。

沢では
蛍
がくゆります。その思いは
常夏
のようにずっとつづくのですけれど、
仏のちえの火が
篝火
になり、おおきくもえあがり、
野分

の風にもふき消されず、
如来さまのおいでになる、その
御幸
におともして、
慈悲の心と、しのぶ心を
藤袴
はかまのように身につけて、
極楽浄土のいちばんよいところに
生まれかわることを心がけ、
七つの宝できらきらとかざられた
真木柱
のもとにいたりましょう。
梅が枝
の匂いがしたからといって、心を留めず乱されず、
お浄土にみちびいてくれる紫雲のような
藤の裏葉
こそたのしみましょう。

おしゃかさまもその前世では、
千年間身を粉にして
仙人にお仕えなさったのでありますが、
その仙人こそが
提婆達多《だいばだった》の前世のすがた。
だからわたくしたちも

若菜

をつんで、おしゃかさまに供養いたしましょう。
それが成仏得道の因となるのでございます。
夏衣を裁つように立ち居する
日々のくらしのそのなかで、どうにかして一枝の

柏木

を拾いまして、
このすばらしい仏法を
理解するためのたきぎとなしまして、
始まりさえもわからない
ずっとつづいてきた罪をほろぼして、

仏さまのいつもいらっしゃるその世界、
そこにみちみちる風や光、
とうとい方たちのかなでる音楽、
横笛
の音をききましょう。

うらめしいことでございます。
仏法の在るこの世に生まれながら、
家を出て名を捨てようというときになって
鈴虫
のなく音が振り捨てがたく
いよいよ仏道に入って髪をおろすときになっても、
夕霧
が濃くかかってきて晴れません。
悲しいことでございます。
人として生まれながら、
御法

の道を知らずに苦海に沈み、
この世は
幻
の世だからと厭うことなく、
日々のみちをあるいていくことしかできません。

ただ薫大将の香りをきいて
仏のおん目のような
青いハスの花を思いましょう。
匂宮
の匂いにまどわされず、
おしゃかさまにささげる
お香の煙にいたしましょう。
竹川
の水をすくいとって
煩悩の身をすすぎましょう。
紅梅

源氏物語表白
「紫式部の往生」

の色もいつか褪せるのですから
愛着する心をなくしましょう。

待つ宵の
更けていくのを嘆いた宇治の
橋姫
あの三姉妹のことをかんがえても
仏道修行の道をしるべにしてお行きなさい。
椎本
の愛欲の世界にとどまってはいけません。

墓場の野辺に
あわゆきみたいにきえてしまう夕べには
総角
結びで縁をむすんで
煩悩からときはなたれますように。
燃えて煙りとたちのぼる朝には

墓場のある山、
早蕨
の萌え出ずる山、
そこに生い茂る栴檀の木陰で
宿木
となりましょう。

官を捨て位も捨てて
東屋
のようなあばらやに隠れすみ、
名誉も栄華も
浮舟
のようなものなんですから。
これも
かげろふ
の身でございます。
あるかなきかのうちにきえてなくなる

手習
にも極楽往生をねがう文をかきましょう。
夢の浮き橋
のようなこの世であります。
朝に、夕に、
お迎えがきてくださいますように
お浄土へつれていってくださいますようにと、
ねがいましょう。

帰依いたします。
西方極楽にいらっしゃる阿弥陀さま。
ねがわくば、紫式部の
あることないこと書き散らしたあやまちをおゆるしになり、
迷いにとらわれ、
生きる死ぬるをくり返す
そのくるしみをおすくいください。
帰依いたします。

お浄土へ導いてくださる弥勒さま。
仏のおしえを解く縁として、
源氏物語の読者たちを
安らかなお浄土にお迎えください。

このように申し上げます。

源氏物語表白とは

「源氏物語表白」現代語訳の仕事は、立川の国文学研究資料館でのイベントでとつぜん舞い込んできたのでした。それまで知りませんでした。知ってみると、なんとおもしろい。

中世の頃、源氏供養というのがさかんに行われたんだそうです。その昔、文学は、狂言綺語《きょうげんきご》などと呼ばれて仏法にそむく所業だったわけで。嘘を書きちらして読者を惑わした紫式部もぜったい地獄行きのはずだから、彼女を救おう、そして読者も救おうという催しが源氏供養。そのとき読み上げる文が「源氏物語表白」ということでした。

そこには各巻のタイトルを読み込んであります。

なにしろ既視感があるのです。

今までに読んできたもの、あれもこれも、このテーマで、同じような言い回しで、同じようなことばがくり返しくり返し使われていたようで。だから現代語訳も、どこかで聞いた、読んだ、使ったことばや言い回しをあてはめていくだけで、難なくできていきました。

『源氏物語』も、浄土も、当時の教養人がみんなで共有する知識であり、感覚であり、ことば遊びでもするみたいに、ちゃっちゃと作っていったんだろうなと考えました。「どこかで聞いた、読んだ、使ったことばや言い回しをあてはめていく」は、語り物の根本なんでしょう。

若くて美しい女がいる。それが死んで、ぐずぐずに腐っていく。昔は若くて美しかった女が、今は老いて貧しくて寂しい暮らしをしている。

これがテーマなんですが。もうこの本のあちこちでくり返したような気がします。死体が白骨になるのを観察する「九相詩」も、小野小町伝説のネタ本ともいえる『玉造小町子壮衰書』もそうです。蓮如の「白骨の御文」も、源信の「白骨観」もそうです。同じく源信の『往生要集』もそうですし、謡曲の「卒都婆小町《そとばこまち》」や「檜垣《ひがき》」もそうですし、同じく謡曲の「源氏供養」には「源氏物語表白」がそのまま埋め込まれてあります。

そこには老人ばかり出てきます。今のわたしたちの世界みたいに。でも今どきの高齢者の老いや看取りの問題が語られるかというと、ぜんぜんそうじゃない。若かった人が老いて死ぬ、死んだら、その骸《むくろ》は変化していって白骨になるという点だけが語られるのであります。

教養人のことば遊びには見えますが、昔の人たちはものすごく真剣に、地獄に堕ちることについて考えていて、紫式部も堕ちた、絶対堕ちた、自分たちもやがて堕ちると信じていて、救われるように、救われるようにと、必死に祈っていたんじゃないだろうか。そんなことを考えました。

平安末の『梁塵秘抄』にこんな歌があります。

「儚き此の世を過《すぐ》すとて、海山稼ぐとせし程に、万《よろず》の仏に疎まれて、後生我が身を如何にせん」

（訳）はかないこの世を生きていくためには、海山で（魚を漁《すなど》り、鳥獣を狩り）稼がずにはいられなかった。それで、万の仏にうとまれてしまった。死んだ後の生で、私の身はどうなるのだろう（地獄にいくしかないのである）。

この必死な思いを、当時の人たちは、みんな感じていたんじゃないでしょうか。でもまた、『梁塵秘抄』にはこんな歌もあるんです。

「狂言綺語の誤ちは、仏を讃《ほ》むるを種として、麁《あら》きことばも如何なるも、第一義とかにぞ帰るなる」

（訳）文芸における「誤ち」というのは「仏を誉める」をもとにしているから、どんなことばを使っても真理というものにたどりつくのだった。

風信帖《ふうしんじょう》「一通の手紙、空海から最澄へ」

風信雲書自天翔臨
披之閲之如掲雲霧兼
恵止観妙門頂戴供養
不知攸厝已冷伏惟
法體何如空海推常擬
随命躋攀彼嶺限以少
願不能東西今思与我金蘭
及室山集會一處量商仏
法大事因縁共建法幢報
仏恩徳望不憚煩労蹔
降赴此院此所々望々忩々
不具釋空海状上

九月十一日

東嶺金蘭法前

謹空

風のような手紙がきました。
雲のような筆跡でした。
天から手の中に翔けおりてきました。
これをひらいて
これを読んだら
雲霧でおおわれていた心が
さあっと晴れました。
その上さらに
摩訶止観まで頂戴いたし、供養いたしました。
おれいのことばもありません。
ずいぶんさむくなりました。
どうなさっておられますか。

風信帖
「一通の手紙、空海から最澄へ」

空海はあいかわらずです。
おまねきにしたがい
そちらのお山に
よじのぼりすがりのぼりしてまいりたかったのですが
ぬきさしならぬ用があり
動くことがかないませんでした。
そこで提案です。
あなたとわたくし、そして室生寺の彼と
一つところにあつまって
仏法の大事の因縁について心ゆくまで話し合い
仏法ののぼりをともにたて
仏恩にむくいるというのはどうでしょう。
わずらわしさをお厭いなく
どうぞこちらにおいでになり、ご逗留くださることを
望んでおります。望んでおります。
乱筆乱文おゆるしください。
僧の空海がかきました。

九月十一日
東の峰にいらっしゃるきらきらしい先達へ
御返事おまちしております。

風信帖とは

書を学ぶ者なら、知らない者はない有名な書。わたしも書道にハマって必死で練習していたときがあり、お世話になりました。臨書に使ったわけですが、これまたお経と同じで、意味なんかちっとも考えずに、ひたすら臨書して臨書して臨書する……。そのうちハタと、自分の書いているのは何だろうと考えて、内容を読んでみたら、一通の手紙だった。

わたしが臨書したのは、冒頭の風、信、雲、書はつまらないので飛ばして、自、天（……それ以上進まなかった）、それが「お手紙いただきました」みたいな部分だと知ったときにはちょっとショック、もっとすごいことが書いてあると思っていました、空海だけに。

しかしなにしろ日本の仏教界の超大物二人。真言宗の祖の空海（774〜835）が天台宗の祖の最澄（767〜822）に宛てて書いた手紙だというだけでも、ものすごいんじゃないでしょうか。

雲

空海の「風信帖」は、名筆中の名筆である。初めて見たとき、驚くほどだらしない字だと思った。だらしないなどと言ったらばちがあたる。風通しがよくて、どこまでも遠くをみつめていて、自由自在なのだった。空海から最澄に宛てた手紙だそうで、こんな手紙をもらったら、誰だってクラクラするはず。冒頭はこうだ。

風のような手紙がきました。
雲のような筆跡でした。
天から手の中に翔けおりてきました。
これをひらいて
これを読んだら
雲霧でおおわれていた心が
さあっと晴れました。

雲というのは、空の高いところで起こる風によって形ができるそうだ。それは娘に教えられた。何も娘が発見したわけじゃないが、娘に言われるまでは気がつかなかった。

カリフォルニアのわたしの家は海のそばにある。

朝は曇っていることが多い。日が高くなると陸の気温が高くなって、風が海から陸に吹く。雲が吹き飛んで、すさまじいくらいの青空になる。毎日毎日これが続く。うんざりするくらい続く。ここ数年の日照りが実にひどい。水のことを考えるだけで渇きで苦しくなる。青空を見るとうつむきたくなる。でも、たまに雲が出る。雨は降らなくても、あそこに水蒸気があると思うだけでうれしい。

冬場は一と月に一ぺんくらい、雨雲が垂れこめて雨が降る。植物が狂喜乱舞する。わたしも、居ても立ってもいられなくなり、青いはずの海の色が、空とまったく同じように重たげな鈍色《にびいろ》になるのを、見に出ていく。

昔、娘が中学生の頃、雲が好きで、カメラをにぎりしめて、いつも雲を撮っていた。何をしていても「あっ雲」と言って、外に飛び出していくのだ。

当時はまだ写真を現像に出していた。それで毎週、大量の写真ができてきた。できてきた写真を見るたびに、娘が「色がちがう、こんな色じゃない、もっと凄い色だった」と言った。

娘は思春期で、熊本で育ったのをアメリカに連れて行ったばかりで、問題だらけで、友だちもいなかった。親としては、雲でもいいから夢中になってくれるのがうれしくて、カメラを買ってやった。雲の図鑑も買ってやった。

親は子どもに伴走する。わたしもいっしょに雲を見た。雲の名前も覚えた。この子は将来は雲を扱う仕事がいいのかな、それなら大学では何を勉強すればいいのかなとひそかに考えたりもした。親が考えたってしかたがないことなのだが、心配のあまり考えないではいられなかった。

ついこの間、娘が言った。「あの頃あんなに夢中になっていたのは、雲がすぐ消えるからだ。次の瞬間には違う形になる。色も違う。だから、今のこの瞬間を撮りたかった」と。

それで、なんだかいろんなことが解ったような気がした。その瞬間を手の中ににぎりしめていないと不安だったくらい、この子にとっては、日々が苦しかったのだ。

あれから紆余曲折、娘は大学にすすみ、ぜんぜん違う勉強をして、何年もかけて大学を卒業し、今はぜんぜん違う仕事についている。もう雲なんか見ずに生きていられる。

親としても、問題のない子どもはほったらかしてあるから、たまにしか会わない。そのかわりにわたしが、あれからいろんなことを経験したし、考えもした。娘たちの思春期も自分の更年期も考えつめた上に、死をいくつも看取ったから、今は、わたしが、瞬間瞬間の雲を見つめずにいられない。

雲という字が「風信帖」の冒頭に二つも出てくる。風の字よりもたくさん書いたせいで、つい雲の話をしてしまった。

雨

今、この瞬間、熊本は大雨だそうだ。梅雨前線が活発になっているそうだ。どこかでは住民の避難も行われているそうだ。そしてわたしが今いる、ここカリフォルニアでも、あたりは湿っている。

めずらしいことだ。今年はいつになく、天気の悪い湿った五月に、天気の悪い湿った六月が続いた。

昨日も今日も、天気予報にふしぎな印が出ている。「曇り」でもなく「雨」でもなく、その中間の印である。

運転していると、フロントガラスが湿る、湿る、濡れていく。数分に一度、ワイパーを動かしてその水滴を振り払う。この程度の雨とも言えないお湿りを、日本語で何と呼ぶのか考えた。

霧雨。小雨。微雨。細雨。こぬか雨。

たぶん霧雨だろうが、霧雨というからには、もう少し雨滴が大きく、雨に近くあってほしいとわたしは思う。とすると、これは、霧雨というよりただの霧。

雨は空から降ってくるもの。霧はそこに在るもの。そして霧雨とは、そこに在る水滴が、大きくなって、とどまりきれなくなって、雨になって落ちてくるものだ。

今朝のこれは、雨というにはあまりに繊細で、でも霧というよりは、落ちてくる動きがある。その上、こちとら車に乗って動いているから、動く車が落ちるか落ちないかの瀬戸際の水滴にぶつかって、勢いよくフロントガラスの上に降りかかる。

それでワイパーを動かすが、たいした降りじゃないから、すぐ止める。でもまた、水滴だらけになる。見えにくくなる。滴ってくる。それでまたワイパーを動かす。

英語でなんというのと助手席の夫に聞いたら、〈drizzle〉だと言った。家に帰って調べてみると、意味はまさに「霧雨」。

〈drizzle〉を語源辞典で調べてみると、古英語の「露がおりる」からの変化だとか、インド・ヨーロッパ語族の祖語の「おちる」とつながりがあるとか、書いてある。古英語の

「露がおりる」も、インド・ヨーロッパ語の祖語の「おちる」も、〈d〉ではじまる。

ことばが成り立ちはじめた頃、闇深い大昔の頃、日本でないどこかで、人がこういう雨に出会い、肌に感じ、感動して声に出してみたら、それが〈d〉という音だったのか。

こんな雨、何年も渇水のつづくカリフォルニアにとっては焼け石に水でしかないのだが、それでも、植物はうるおう。雨はまんべんなく、あらゆるものにふりそそいでしみわたる。偏向してしみわたらないということがない。漂う雨滴で、世界全体がくすんで見える。こんな光景を見るたびに、法華経の「薬草喩品《やくそうゆほん》」を思い出すのである。

この一節だ。

「カーシャパよ。譬えれば、こんなふうだ、この全宇宙の、山や川や谷や平原には、草や木や茂みや林が生えている。それからいろんな薬草も生えている。種類もちがう。それぞれ異なる。そこをみっしりと雲がおおう。すきまなくこの大きな宇宙ぜんたいをおおう。一時にひとしく雨がふりそそぐ。その水と草のまじわるところ、何もかもがぬれそぼつ。草や木や茂みや林や、それからいろんな薬草たちが、小さな根の、小さな茎の、小さな枝の、小さな葉の、中くらいの根の、中くらいの茎の、中くらいの枝の、中くらいの葉の、大きな根の、大きな茎の、大きな枝の、大きな葉の、さまざまの木々、大きな木や小さな木が、高い場所、中くらいの場所、低い場所に、生えているそれぞれが、それぞれの場所でそれをうけとる。一つの雲がふらす雨だが、その種の成分や性質にあわせて、うけとってのびる。花がさいて実がなる。一つの大地から生えたものだ。一つの雨がうるおしたのだ。でもそれは一つ一つの草木に一つ一つちがうものをもたらす。カーシャパよ、みてごらん。如来というのもまぎれなくこのとおり。大きな雲がわきおこるように、この世にあらわれる。大きな声をはりあげて、雲が全宇宙をすっぽりとおおいつくすように、世界にも、天にも人にも阿修羅にも、声をゆきわたらせる」

法華経薬草喩品偈《ほけきょうやくそうゆほんげ》

「大きな木や小さな木」

わたしは、おしえの王である。
迷いの世界を打ち破るため、こうしてこの世にあらわれた。
命あるものたちが聞きたがっている。
わたしはおしえを説こう。
諸仏はとうとくその智慧は深遠だが
ずっと黙っておられておしえの要を説きはしない。
かしこいものが聞けばすぐにわかるだろうが
かしこくないものは疑って見失ったままでいるからだ。
だからカーシャパよ。
それぞれの力におうじて、わたしはおしえを説こう。
種々《くさぐさ》の譬えをつかって正しい考えかたをしめしていこう。

法華経薬草喩品偈
「大きな木や小さな木」

カーシャパよ、こういうことだ。
譬えていえば、大きな雲なのだ。
この世にわき起こり、すべてのものをあまねくおおう。
雲は恵みで、湿気をふくみ
きらめく稲妻、とどろく雷鳴
命あるものたちはそれをよろこぶ。
雲は太陽をおおいかくし
暑気をはらってさわやかにする。
今にも手がとどきそうなほど、ひくくたれこめる。
雨はふりそそぐ。それは無量にふりつづく。
土地という土地にみちみちてそれをうるおす。
山や川やけわしい谷間の
どんな奥にも生えている
草や木や薬草や大きな木や小さな木。
さまざまな穀物や稲のなえ、さとうきびやぶどう。
雨はふりそそぐ。そしてそれはゆきわたる。
かわいた大地はうるおい、薬の木はそだってしげる。

雲から出たのはたった一つの味を持つ水だ。
草や木や茂みや林は
それぞれの分にしたがってそれを受けとめる。
すべての木々はどれもひとしく
大きさや小ささにしたがってのびてゆく。
根や、茎や、枝や、葉や、さく花や、なる実の
ひかりも、いろも
一つの雨がおよべば、みなうるおってあざやかになる。
すがたかたちがそれぞれにちがうように
たった一つの雨から
それぞれちがう栄養をうけとってしげりさかえる。

ブッダもまたこのとおり。
世にあらわれるということは
大きな雲が世界をおおうようなものだ。
命あるものたちのために
真実のおしえを説くのである。

法華経薬草喩品偈
「大きな木や小さな木」

生き変わり死に変わりする生からのがれられぬ
すべてのものたちを前にして
ブッダはこのように誓いをたてるのだ。
「わたしは修行を完成したもの。
二本足で立つ、もっともとうといものである。
大きい雲のように、この世界にあらわれた。
枯れ木のように生きている、命あるものたちをうるおして
みなを、苦からはなれさせよう。
しあわせにし、やすらぎをあたえよう。
そしてブッダに成るたのしみをもあたえよう。
生き変わり死に変わりする生からのがれられずにいる
すべてのものたちよ。
心をひとつにして耳をすませ。
わたしに近づけ。わたしを見つめよ」

わたしは世尊である。わたしにならぶものはない。
命あるものたちをさとりにみちびくために

世にあらわれて、甘露のようなおしえを説く。
そのおしえはたった一つだ。
くるしみからときはなたれる。やすらぎをえる。
わたしはたった一つの声でこの真実をのべつたえ
人々をすくい、さとりにみちびくために
さまざまな因縁をつなげてゆく。
わたしはすべてを平等に見つめる。
そこには何の差別も無い。愛憎の心も無い。
わたしは何もむさぼらない。何もこだわらない。
どんなものにもさまたげられない。
すべての命あるものたちのために
いつなんどきでも平等におしえを説く。
一人のために説くように、おおぜいの人のためにも説く。
たえず説いてまわり、ほかのことはせず
去るも来るも座るも立つも
まるで疲れずいやがることもない。
雨が大地をうるおすように世界をみたす。

法華経薬草喩品偈
「大きな木や小さな木」

身分のたかいものにもひくいものにも
戒をたもつものにもそれをやぶるものにも
規律どおりにくらすものにもくらさないものにも
正しく真実をみつめるものにも
因果のことわりをみぬけないものにも
うまれつきかしこいものにもうまれつきにぶいものにも
みなにひとしく
雨のようにおしえを降らせて倦み飽きることがない。

命あるものたちがわたしのおしえを聞く。
するとそれぞれのうけとる力にしたがって
いろんな場所に住むのである。
生き変わり死に変わる世界に住みつづけるものたちは
小さな薬草である。
こころをきよくしてこだわりをなくし
自在な考えかたと世界のことわりをみぬく力をえて
山林に住んで瞑想して独りでさとりをえるものたちは

中くらいの薬草である。
仏をたのみ自分もいつか仏になろうとして
たゆまず努力するものたちは
大きな薬草である。

仏の弟子たちがブッダの道をひたむきにおもい
慈悲のこころをわすれず
自分もブッダになることに疑いをいだかぬものは
小さい木である。
つねに自在な考えかたをもち
おしえの輪を反転することなくまわしつづけ
かぞえきれない、億の、百千の
命あるものたちをすくおうと道をもとめてゆくものは
大きい木である。

仏は平等におしえを説く。
一つの雨のようにふりそそぐ。

法華経薬草喩品偈
「大きな木や小さな木」

命あるものたちはそれぞれの性質にしたがうから
うけとるものは同じではない。
草木のうけとるものがそれぞれ異なるのと同じである。
ブッダは譬えを手段とし、さまざまなことばをつかって
一つのおしえを説きあかす。
それは、海のようなブッダの智慧のひとしずく。
わたしはおしえの雨を降らす。それは世間にみちみちる。
一つのおしえを聞いて
それぞれの力にしたがって修行するのは
茂みや林に生える薬草や木々たちが
大きい小さいにしたがって
さまざまにしげりさかえていくのと同じだ。
諸仏のおしえはつねに一つ
あらゆる世界のすみずみにつたわっていく。
たゆまずはげめば成果をえられる。

声を聞くものや独りでさとるものが

山林にはいり最後のよりどころとしての肉体に住み
おしえを聞いてさとりをえてゆくなら
これを薬草とよぼう。薬草はふえてのびる。
また、道をもとめてゆくものが
智慧をもち世界のありかたをみきわめて
命あるものたちとともにさとりをえようとするなら
これを小さい木とよぼう。小さい木もふえてのびる。
さらにまた、瞑想して自在な考えかたをもち
すべては空であると知って心をおどらせ
無数の光をはなって命あるものたちをすくえれば
これを大きい木とよぼう。大きい木もふえてのびる。

このように、カーシャパよ。
ブッダが説くおしえは
譬えれば、大きな雲がたった一つの雨をもたらして
人という花をうるおし
それぞれの身をさとりにみちびくということなのだ。

わかったか、カーシャパよ。
あらゆるものが因縁でつながる。
譬えをつかってブッダのおしえをさししめすことは
わたしの手段であり、諸仏の手段であるのだ。
いま、あなたたちに真実をおしえよう。
自分のために修行をするものは
かんぜんなさとりにはいたっていないということ。
あなたたちの行くべきなのは
命あるものたちとあゆむ道。
だれもがブッダになれるだろうということ。
だれもがブッダにならなければいけないのだということ。

薬草喩品とは

詩を読みはじめたのは高校の頃です。

まず中原中也にハマりぬき、それから萩原朔太郎、そして大学に入ったあたりで宮沢賢治にたどりつき、「セロ弾きのゴーシュ」や「よだかの星」しか知らなかった賢治という人の書いた、はてしのない、未知の詩のリズムに取りつかれ、勢いあまって、賢治がおおいに影響を受けたという「法華経」（岩波文庫で全三巻）を買って読もうとしました。もう大学に入っていた頃です。読んではみたのですが、どうにもなんにも頭に入っていかなくて、途中で投げ出してしまったのでした。

しかしながら、人生何事もむだということがありません。

今のわたしはマニアックな植物好きですが、実は子どもの頃から植物、とくに道端の雑草が大好きで、それが昂じて高校時代は生物部に入っていたほど。世界には知らないことがいっぱいある、そのいっぱいある知らないことを、かたっぱしから知ってみたいと思っていた頃でした。

「法華経」の第五章の「薬草喩品」の中の小文が、頭のすみにひっかかりました。

お経の本文は散文です。本文の後に「偈《げ》」という詩のかたちで、本文のまとめがついています。これがお経の一般的な形態です（もちろん例外もあります。たとえば「般若心経」）。

でも本文に書いてあることがそのまま偈に書いてあるかというと、そうでもないことがままあります。そしてこの「薬草喩品」に関しては、偈じゃなく（偈も好きなので訳してみたんですが）、本文にあって偈にはない次のくだり、「雨」のエッセイで紹介した箇所が、昔のわたしをとらえ、今のわたしをもとらえて離さないのです。

「小根小茎。小枝小葉。中根中茎。中枝中葉。大根大茎。大枝大葉」

わたしはいつも植物のことを考えています。道を歩いていても路傍の植物ばかり目につくし、一つ一つを見分けたい、名前を知りたいと思うし、なんだか自分の中には植物のDNAが、髪には葉緑素が交じっているんじゃないかとも思っているのです。それで「赤い鳥小鳥、なぜなぜ赤い」や「ぞうさんぞうさん」などと幼年期にうたった歌のような、はるかな、懐かしさすら感じられるリズムで、こんなふうに植物のことを語られると、身体じゅうが揺さぶられ、総毛立ってしまうのでした。

骨

長女夫婦が遊びにきた。二歳の娘と、暮れに生まれた二番目の赤ん坊を連れてきた。うちはいつも女ばっかりだった。ところが今度は男だった。それだけでも驚いたのに、娘夫婦が、息子のミドルネームに父の名前をつけてくれた。一彦という。

それがうれしくてたまらない。父がつながっているような気がする。父が母の手をしっかり握って、母もつながってくるのである。

長女が帰ってきたら、ついでに大学に行ってる三女も帰ってきた。次女はもとより近所に住んでいる。それでお骨を撒こうと思った。一彦がいるところで、一彦のお骨を太平洋に撒こうと思った。

二人一緒にして撒いてくれと、父は昔から言っていた。母が死んでから、ずっと母のお骨は父の家にあった。父が死んでからは二人のお骨はわたしの家にあった。熊本に帰ったついでに、わたしは、お骨をカリフォルニアに持って帰ったのである。

近所に住むオーストリア人の友人が夫をなくした。夫の灰（アメリカは灰のかたちで遺族に渡される）をオーストリアに持って帰ろうとして、ジップロックの袋に入れて持ち歩いていたら、入管でとがめられたそうだ。わたしの場合は、粉めいた灰ではなく、マジで人骨だから、とがめられたら、それ以上である。結果から言えば、無事に持ち込めた。

その夕方、わたしたちはみんなで海辺にいった。いやその前に、長女が新しいミルを買ってきた。わいわい言いながら、みんなで骨を粉にした。骨は、コーヒーなんかとまったく違う、細かい、とても細かい粒子になって、煙みたいに宙を舞った。

二歳の子は、昼間、まだ日が高いうちに両親と海に行ってさんざん遊んで帰ってきた。またびーちに行こうと親に言われて、大喜びでついてきた。

ひろびろと広がる砂浜だ。日没を見るには絶好の場所だから、わたしはよくここに来る。リードつきなら、犬もＯＫの浜である。前の犬は、海が好きだった。今いる小犬は水をいやがる。でも海の匂いを嗅ぎながら浜辺を歩くのはやぶさかではない。

わたしはほんの一握り、お焼香のお香くらいの量を、つかみとって撒いた。撒いてわかった。節分の豆まきみたいなわけにはいかなかった。人灰はぱあっと空にひろがり、煙みたいになって、海に行かずに陸に向かい、海に向かって立つわたしたちにからみついた。お寺の入り口においてある大香炉の前の煙みたいだった。いや、浦島太郎の玉手箱の煙もこんなものかもしれなかった。

わたしがやって、娘たちがやって、二歳の子もやった。

引き潮と満潮の間くらいだった。やがて満潮になって、このへんはみんなとぷとぷと水に浸かる。そして数時間すると、いろんなものを砂の上に残して潮が引く。引かれて、何もかも沖に出るだろう。潮流に乗って遠くに行く。そしてまた還ってくるだろう。

完璧な日没だった。

くっきりした水平線に、巨大な太陽はゆらゆらと沈み、太陽の象徴する死がくっきりと、いつも小犬とふたりで見ているそれを、娘たちやそのまた娘、父の名前をひきついだ赤ん坊（は、眠っていたが）、娘たちの連れ合いたち、みんなと見た。

次の日に、わたしはまた一人でそこに行った。いつものように犬を連れて。

来なかった丸一日の間に満潮が来て、干潮が来て、また満潮が来て、また干潮が来た。父と母の灰は、いったん遠くに引かれ、海全体に混ぜあわされて、また戻ってきて、今はこの砂浜全体にひろがったような気がした。父と母の気配が、そこらじゅうにあるような気がした。

鏡

親が死んだ後、その家を処分した。父の犬をカリフォルニアに連れてきた。庭のユスラウメを引き抜いて、わたしの家の庭に植えた。犬は二年のどかに生きて、老いて死んだ。ユスラウメは枯れたが、ひこばえが出て、今は数本の若枝が青々と繁っている。家具類はほとんど処分したが、わたしの家に持ってきた物がいくつかある。母の鏡台もその一つだ。

東京に住んでいた頃、日の差し込む縁側に面してそれが置いてあって、母がぺたりと座って化粧していた。立ったり座ったりが楽々とできた頃だ。鏡には着物の裂《きれ》で作った覆いが掛けてあった。抽斗の底には紙が折り畳まれて敷かれてあった。

熊本にやって来て彼らが住んだのは新築のマンションで、風呂場には大きな鏡のついた洗面台が取り付けてあり、そこに丸椅子をおいて母は化粧をするようになった。鏡台は使われなくなり、座敷の隅に置かれた。母が入院して、父が独居し始めてからは、藤沢周平や池波正太郎の文庫本が無造作にその上に積み上げられた。

鏡台をうちに持ってきてまもなく、古物好きの友人が立ち寄り、それを見て「いいね、これ」と言った。「持っていっていいよ、あっても使わないし」とわたしは言った。

親の物を処分したばかりだった。そのとき考えていたのは、わたしが死んだら娘たちがわたしの物を処分するということだった。物は少ないに越したことはない。この古い鏡台を親しい友人が引き取って珍重してくれたら、それもいいだろうと思った。

その後友人の家には一、二度行った。部屋の隅にあの鏡台があるのを見たけれども、別に何も思わなかった。ところがこないだ、久しぶりに行って鏡台を見たとき、「ああ、おかあさんの鏡台だ」と思ったのである。

撫でてみた。昔と同じ木の手触りがする。覆いの布に触れてみた。前のがあんまり汚くなったと言ってこれを作っていた母を覚えている。抽斗を開けてみた。その底には見覚えのある古紙が敷かれてある。一つは三越の、もう一つは錦松梅の包装紙。貰い物を包んであった紙を、母はきちんと折り畳んで仕舞っておいた。そして抽斗の底紙が油染みて汚れたとき、その紙の中から綺麗で、高級そうで、母が特別と思っているのを選んで、それが三越と錦松梅だったのだが、こうして敷き直したのだ。

気の合わない母だった。性格も顔も父似のわたしは、母の言うことなんか一つも聞かなかった。母はいつも諦めた顔で、わたしを見ていた。わたしが鏡台を友人にあげちゃっても、母の魂はちっとも怒らなかった。「しろみはそういう子だよ」と、「ひ」が「し」になる江戸っ子の母は諦めただけだ。

でもそのとき、友人の家で久しぶりに鏡台を見て抽斗を開けたとき、抽斗の底からむっくりと母が立ち上がって、なつかしい母の声で、快活に、「しろみ、帰ろうよ」と言ったような気がした。

二、三日考えた。いったん人にあげたものを返せというのはきまりが悪い。でも勇気を振り絞って、わたしは友人に言った。
「ほんとに申し訳ないけど、あの鏡台を返してもらっていい？」

すると友人が言った。

「いつかそう言うと思ってたよ、時間が必要だったんだね」

母の鏡台は、今、手元にある。

わたしがカリフォルニアにいる間、鏡台はこのうちで留守番をする。

わたしもこの頃膝が悪くて、その前にぺったり座って化粧などしようものなら、立ち上がるのが一苦労だ。だから、鏡には母の作った覆いが掛けられたまま、抽斗の底には三越と錦松梅の包装紙が敷かれたまま、鏡台は使われずに、ただそこに在る。でも、ふとその覆いを開けたとき、そこに映るのが、あの母の顔なのである。

手紙、父へ

おとうさん。

伝え残したことがある。

おかあさんが死ぬちょっと前に、おとうさんが、「抱きしめてやった」と言ってたでしょ。妻が死ぬ前に抱きしめてやらなかったのが心残りだという話を新聞で読んで、おれはやってやろうと思って、病院に行って抱きしめたら、おかあさんが声をあげて泣いたっていう話。わたしもおとうさんに、あれをしてあげればよかったなあと思うのよ。

思ってたけど、しなかった。おとうさんも喜ぶってわかってたけど、しなかった。しちゃったら、何かが壊れちゃうような気がした。いっぱいいっぱいだった、生きるおとうさんも、通うわたしも。おとうさんを看取る、見守るっていうキリキリに張った線が弛んでしまう、そんなふうに感じていたのかもしれない。ごめんなさい。してあげれば、ほんとによかった。

さすがに最後の半年くらいは、すごく重たかった。でもわかってたの。おとうさんは、ただ老いて、死ぬのは寂しくて、わたしに寄りかかりたいだけだったんだって。

おとうさんの死んだ後、いっぱい後悔した。なんでもっとしてあげられなかったかと。でも、その頃、おとうさんの夢を何回も見た。夢を見て、感じて、考えて、わかってきた。どうしようもなかったんだということ。もういちどあの状況に帰れたとしても、わたしはきっと同じことしかしないと思う。

できることを精一杯やっていた。それがあの形だった。おとうさんも精一杯生きた。それがあの形だった。

おかあさんが病院に入院してから五年間、亡くなってから三年間、五年間の独り暮らしは長かった。おとうさんは孤独で退屈だった。わたしを待ってるだけの八年間。つらかったろうと思う。だから引き止めない。でも今、おとうさんがそこの戸口に「おーい」って言いながら帰ってきたら、わたしはどんなにうれしいかと思う。

あとね、報告したいことがあるの。

ルイが死んだよ。

おとうさんのことを八年間、ずっと見守っていてくれた犬だ。おとうさんが死んだ後、カリフォルニアに連れてきた。おとうさんが甘やかすから、すっかりボス気取りでおとうさんを従えて生きてたのに、こっちに来たら、ちゃんとわたしに従って、犬たちともなじんで、みんなに可愛がられて、平和に暮らした。ほんとにいい老後だったのよ。

死んだとき、わたしは日本にいて、最期を見てやれなかった。でも子どもたちが見てくれた。ルイは、いつも寝ていたわたしの部屋で死んだ。S（次女）が電話してきて、泣きながら、最期の様子を話してくれた。死んだ日はもうほとんど意識がなかったとか、抱きあげても顔がついてこなくて、向こう側にひっぱられてるような感じだったとか。泣いてるから、ことばが聴き取れなくなって、わたしも泣きながら、今なんて言ったのって聞き返したら、「言えなくなっちゃったからメールする」って言って電話を切った。すぐメールが来て、こう書いてあった。

「おじいちゃんに会ったら、『ぼくアメリカに行ったよ、英語もおぼえたよ』って自慢できるねって言いたかったの」

自慢したかかな？

阿弥陀経《あみだきょう》「浄土とはこんなところです」

このようにわたしはききました。

あるとき、目ざめた人は、すらばすてぃ市のぎおん僧院にとまっておられました。いっしょにいたのは、おおぜいの修行者たち、迷いを捨てたりっぱな修行者たち。しゃーりぷとらもいました。あーなんだもいました。ほかの弟子も、人々を救いたいと願う修行者も、天の神々も、人々も、いました。そして目ざめた人は、しゃーりぷとらにむかって、こう語りはじめられたのであります。

ここから西の方にゆくと、目ざめた人たちのつくった国々がある。目ざめた人たちはおおぜいおられる。国々もたくさんある。そのどれも行きすぎてさらにゆくと、そこにひとつの国がある。〈幸せいっぱいの土地〉という。その国をつくった目ざめた人は〈むげんのひかり〉と名のっておられる。今現在、そこでおしえを語っておられる。

しゃーりぷとら。

なぜそこを〈幸せいっぱいの土地〉と名づけるのか。その国に生きるものは、みな、苦はなく、ただ楽がある。だから〈幸せいっぱいの土地〉と名づけるのだよ。

また、しゃーりぷとら。

そこには、垣が七重にめぐり、飾り網が七重におおい、並木が七重にしげりさかえる。どれも、金銀宝石でキンキラしている。だから〈幸せいっぱいの土地〉と名づけるのだよ。

また、しゃーりぷとら。

そこには、七つの宝石でできた池があり、八つの成分をふくんだ水をなみなみとたたえている。池の底には金の砂、階段も楼閣も宝石で、キンキラキンキラ、まばゆいばかり。池にはハスが花ひらく。車輪ほどに大きくて、青花は青くひかり、黄花は黄色くひかり、赤花は赤くひかり、白花は白くひかり、きよらかな香りがいちめんにただよう。

しゃーりぷとら。

その土地は〈むげんのひかり〉のめぐみによってこんなにも美しい。

また、しゃーりぷとら。

そこには、いつも音楽が鳴っている。大地は黄金でできている。昼夜《ひるよる》六回、空から花がふりそそぐ。すがすがしい夜明けのなか、人々は花かごをいっぱいにして、遠くの目ざめた人たちにささげにゆく。食事どきにはもどってきて食事をし、瞑想しながら静かにあるく。

しゃーりぷとら。

その土地は〈むげんのひかり〉のめぐみによってこんなにも美しい。

また、しゃーりぷとら。

そこには、色鳥《いろどり》、百鳥《ももとり》、さまざまな鳥たちがいて、昼夜六回、いっせいに鳴きわたる。

美しいハーモニーとなってひびきわたる。ごーこん、ごーりきー、しちぼーだいぶん、はっしょうどうぶん。そううたう声をきけば、目ざめた人をおもい、そのおしえをおもい、おしえをまもる僧をおもう心がしぜんとうまれる。

しゃーりぷとら。

おまえは、ああいう鳥に生まれたのは罪の報いだからか、などと考えてはいけないよ。

〈幸せいっぱいの土地〉では、悪いことをしたから報いを受けるということはないのだ。

しゃーりぷとら。

そこには、三悪趣《さんあくしゅ》だの三悪道《さんあくどう》だのという名前もない。名がないんだから実《じつ》だってあるものか。この鳥たちはみな、〈むげんのひかり〉が、おしえのためにすがたを変えているだけなのだ。

しゃーりぷとら。

そこでは、そよ風が、木々や飾り網をゆすって、えもいわれぬ音をだす。百千種の音楽をいっせいにかなでるようだ。その音をきけば、目ざめた人をおもい、そのおしえをおもい、おしえをまもる僧をおもう心がしぜんとうまれる。

しゃーりぷとら。

その土地は〈むげんのひかり〉のめぐみによってこんなにも美しい。

しゃーりぷとら。

おまえはどうおもうかね。あのかたはどうして〈むげんのひかり〉と名のっておられるのか。

しゃーりぷとら。

あのかたは、はてしなく光りかがやくかた。さえぎられることなく、いちめんの世界を照らしだすかた。だから〈むげんのひかり〉と名のられる。

また、しゃーりぷとら。

あのかたの命、そして〈幸せいっぱいの土地〉の人々の命は、はてしなく、かぎりがない。だから〈むげんのいのち〉とも名のられる。

しゃーりぷとら。

〈むげんのひかり〉が目ざめた人になられてから、長い長い時間がたった。

また、しゃーりぷとら。

あのかたには、弟子がおおぜいおられる。その数は、多すぎてとても数えきれない。みんな、迷いを捨てたりっぱな修行者だ。人々を救いたいと願う修行者たちもおおぜいいる。

その数も、多すぎてとても数えきれない。

しゃーりぷとら。

その土地は〈むげんのひかり〉のめぐみによってこんなにも美しい。

また、しゃーりぷとら。

そこに生まれるものは、迷いの世界にあともどりしないものたち。次の生で覚醒するものたち。その数は多い。多すぎてとても数えられない。数えつくすにははてしない時間がかかる。

しゃーりぷとら。

これをきいたものは、みな、〈幸せいっぱいの土地〉に生まれたいと願うべきだ。そこに行けば、そういう善い人たちと出会うことができるんだから。

しゃーりぷとら。

自分が、自分がという気持ちの善行だけで〈幸せいっぱいの土地〉に生まれようとおもってはいけないよ。

しゃーりぷとら。

善い男や善い女が、〈むげんのひかり〉のおしえをきいて、その名を心にとどめ、たとえ一日でも、あるいは二日でも、あるいは三日でも、あるいは四日でも、あるいは五日でも、六日でも、七日でも、いっしんに心を乱さずにいれば、その人たちの命が終わるときには、〈むげんのひかり〉が、聖なるかたがたをひきつれて、来てくださる。あわてず、さわがず、ちゃんと死ねる。そして〈幸せいっぱいの土地〉に生まれかわることができる。

しゃーりぷとら。

わたしはその効きめをよく知っている。だから言っているのだ、命あるものが、わたしのこのおしえをきいているなら、今すぐに、〈幸せいっぱいの土地〉に生まれたいと願いなさい。

しゃーりぷとら。

わたしが今〈むげんのひかり〉をほめたたえているように、東の世界にも、いろんな名前を持つ目ざめた人たちが、ガンジス河の砂の数ほどおられて、それぞれのかたが、それぞれの国で、
真実のあかしの長い舌をべろーんとだして、この大きな全宇宙をおおいながら、しみじみと語っておられる。「おまえたち、命あるものたち。これを信じなさい、このようにほめたたえられ、ふしぎな力を持ち、目ざめた人たちみんなから、まもられているこの経を」

しゃーりぷとら。

わたしが今〈むげんのひかり〉をほめたたえているように、南の

世界にも、いろんな名前を持つ目ざめた人たちが、ガンジス河
の砂の数ほどおられて、それぞれのかたが、それぞれの国で、
真実のあかしの長い舌をべろーんとだして、この大きな全
宇宙をおおいながら、しみじみと語っておられる。「お
まえたち、命あるものたち。これを信じなさい、この
ようにほめたたえられ、ふしぎな力を持ち、目ざめ
た人たちみんなから、まもられているこの経を」

しゃーりぷとら。

わたしが今〈むげんのひかり〉をほめたたえているように、西の
世界にも、いろんな名前を持つ目ざめた人たちが、ガンジス河
の砂の数ほどおられて、それぞれのかたが、それぞれの国で、
真実のあかしの長い舌をべろーんとだして、この大きな全
宇宙をおおいながら、しみじみと語っておられる。「お
まえたち、命あるものたち。これを信じなさい、この
ようにほめたたえられ、ふしぎな力を持ち、目ざめ
た人たちみんなから、まもられているこの経を」

しゃーりぷとら。

わたしが今〈むげんのひかり〉をほめたたえているように、北の世界にも、いろんな名前を持つ目ざめた人たちが、ガンジス河の砂の数ほどおられて、それぞれのかたが、それぞれの国で、真実のあかしの長い舌をべろーんとだして、この大きな全宇宙をおおいながら、しみじみと語っておられる。「おまえたち、命あるものたち。これを信じなさい、このようにほめたたえられ、ふしぎな力を持ち、目ざめた人たちみんなから、まもられているこの経を」

しゃーりぷとら。

わたしが今〈むげんのひかり〉をほめたたえているように、下の世界にも、いろんな名前を持つ目ざめた人たちが、ガンジス河の砂の数ほどおられて、それぞれのかたが、それぞれの国で、真実のあかしの長い舌をべろーんとだして、この大きな全宇宙をおおいながら、しみじみと語っておられる。「おまえたち、命あるものたち。これを信じなさい、このようにほめたたえられ、ふしぎな力を持ち、目ざめた人たちみんなから、まもられているこの経を」

しゃーりぷとら。
わたしが今〈むげんのひかり〉をほめたたえているように、上の
世界にも、いろんな名前を持つ目ざめた人たちが、ガンジス河
の砂の数ほどおられて、それぞれのかたが、それぞれの国で、
真実のあかしの長い舌をべろーんとだして、この大きな全
宇宙をおおいながら、しみじみと語っておられる。「お
まえたち、命あるものたち。これを信じなさい、この
ようにほめたたえられ、ふしぎな力を持ち、目ざめ
た人たちみんなから、まもられているこの経を」

しゃーりぷとら。

おまえはどうおもうかね？　なぜ「目ざめた人たちみんなからまもられている経」とよぶのか。


しゃーりぷとら。

目ざめた人たちがほめたたえるこの名とこの経の名である。善い男や善い女がそれをきけば、たちまち、その善い男も、その善い女も、目ざめた人たちにまもられる。だれもが、迷いのない、真理に目ざめる。迷いのなかにもどってしまうことはない。

だから、しゃーりぷとら、そしてみなさん。わたしのことばを、目ざめた人たちのこと

ばを、信じなさい。

しゃーりぷとら。

〈幸せいっぱいの土地〉に生まれたいと願ったもの。いつか願うもの。今まさに願おうとしているもの。その人たちはみな、真理に目ざめる。迷いのなかにもどってしまうことはない。そしてその人たちは、もうあそこに生まれた。あるいはいつか生まれる。あるいは今まさに生まれるところなのだ。

だから、しゃーりぷとら、そして善い男たち女たち。あなたたちが信じる心を持っているなら、今こそあそこに生まれたいと願いなさい。

しゃーりぷとら。

わたしがここで、目ざめた人たちの不思議な力をほめたたえているように、目ざめた人たちもまた、わたしの力をこうほめたたえておられる。「シャカの聖者は、むずかしいことを、よくもなしとげた。濁りきったこの世界。時代が濁る。考えが濁る。欲望も濁る。人々も濁る。命も濁って短くなる。そのなかで真理に目ざめた。命のあるものすべてに、自力ではとてもそこまではたどりつけないおしえを語った」

しゃーりぷとら。

今こそ、わかるだろう。わたしはこの濁った世界で、これをなしとげた。真理に目ざめた。人々が自力ではたどりつけないおしえを語った。とてもむずかしかったが、なしとげた。

こうして、目ざめた人はこの経を語りおわりました。それをきいた人はみな、しゃーりぷとらも、なみいる修行者たちも、天の神々も、人々も、あしゅらも、目ざめた人のおしえをきいて、祝い、よろこび、深々と礼をして、去ってゆきました。目ざめた人の語った〈むげんのひかり〉さまのおはなしです。

阿弥陀経とは

「無量寿経《むりょうじゅきょう》」「観無量寿経」とともに「浄土三部経」と呼ばれて、浄土教（浄土宗や浄土真宗）にとっていちばん大切なお経です。

中心になるのは阿弥陀仏。サンスクリットで「アミターバ」とも「アミターユス」とも言われます。「アミターバ」は「果てしのない光を持つ者」、「アミターユス」は「果てしのない命を持つ者」という意味です。それで〈むげんのひかり〉と訳してみました。

素人としてお経を読んでいて、いちばん気になったのは「阿弥陀」「観音」「回向《えこう》」などと、長い年月使われてきたことばがまるで符牒みたいになって、それさえあれば、人は仏教的と思い、ありがたいと思い、ホントに大切な根本を解ろうとせずにほったらかしてしまうということでした。

でも、「符牒」のような仏教用語は使うまいと思っても、日常語や日常の意識では説明できない何かを求めようとして、仏教が始まったわけだし、今まで長い間、いろんな国々の賢い人々がそれについて考えつめ、議論しつくしてきたんだろうし、また、ある言語から別の言語へ翻訳されていくうちに、これはどうしてもこの言語では言い表せない、言葉がない、そんなら言い換えて意味を変えるより、いっそこのまま伝えようということにもなっただろうし、その結果、このように、符牒や隠語や呪文だらけになったんじゃないか……とも思います。

つまり、ひとつひとつのことばを、聞けば、だれでもたちまち解るように、徹底して開いていくというのも大切だけど、開かないというのも大切なことだったんだと、長い間考えているうちに解ってきたのでした。

この阿弥陀経。三部経の中ではいちばん短く、くり返しが多く、ものすごく多く、近現代文学を読み慣れた頭では、呆れ、もてあますばかりなんですが、そのくり返しの中にこそ、うねるようなエネルギーが生み出されていく、語りの極意のようなお経であります。

サンスクリット語から中国語に訳したのは、鳩摩羅什《くまらじゅう》（３４４〜４１３）。五世紀に生きた翻訳者。

西域のクチャ人を母に持ち、インド人を父に持ち、故郷から遠く離れた長安に連れて行かれて、母語じゃない中国語に各種経典を訳しまくった人でした。

犬になる

新しい犬が来た。ジャーマン・シェパード救済センターから引き取った。まだ少年犬のジャーマン・シェパードで、七か月から九か月じゃないかとセンターの人に言われた。大きい耳(シェパードの仔犬は耳が大きい)を見ても、行動を見ても、そんな感じだ。まだ馴れないから、放したら戻ってくる保証はどこにもない。それでわたしはいつもリードを握りしめている。

問題は散歩である。今までみたいに、リードなんかなくったってついてくる犬を従えて、ちんたらと日没を見たりキノコの観察したりしてるわけにいかなくなった。

その上、まだ子どもだから、遊びたいさかりである。ときどき古参犬に、頭を下げてお尻を振り(これが犬語の「あそぼ!」)挑みかかるが、相手にされないどころか、うっとうしがられて叱られる。古参犬は、よく歩く飼い主に従って、毎日よく歩き、使命のように枝やボールやウサギを追いかけているが、実は十歳になる。人間でいったら六十前後。こんな若犬のするようなバカな遊びはしたくない。もっとまじめに生きろと言わんばかりに、黙々とニオイを嗅ぎまわっている。

しかたがないからわたしが遊ぶ。まず犬を誘う、「あそぼ！」と。頭を低くしてお尻を振り、足踏みをする。普通の足踏みにあらず、足と手を順次動かしてぴょんぴょん跳ぶ感じ、するとその動きが、たららったららっと三拍子になるのである。そのギャロップ風の三拍子こそが、二足歩行の人間走りとは違う犬走り。いや、実にバカバカしい。こちとら六十の婆である。それが公園のまん中で、お尻振って、たららったららっ。しかし若犬には確実にそれが伝わってるようで、うれしくなって歩幅が大きくなり、自分もたららったららっと走りつつ、右に跳ね、左に跳ね、うれしすぎて上にも跳ねる。全身がバネでできてるような若犬の動きである。

でもくり返すが、この犬はリードが手離せない。その一々の動きに、リードを握りしめてついていかねばならない。だからくり返すが、こちとら六十の婆であるからして、体力的についていけない。

ついていけないわたしの握るリードが、ぴんと張られて、犬の動きが止められる。止められた犬の勢いが、わたしの手元にはね返る。ときには立っているのもあやういほど、その力は強い。でもそのとき、リードの両端で、犬とわたし、ふたりの生きるエネルギーが、ぴっと調和するのである。

この犬は、救済センターに保護されるまでにいろんな経験をしたらしく、男を怖がる。男の子も怖がる。男の子の群れがスケートボードを抱えていようものなら、顔をひきつらせて動かなくなる。穏やかに歩いているときも、ときどき立ち止まり、大きい耳をぴんと立てて、しきりに何かを聴き取ろうとする。音の中に、怖かった、怖ろしかった記憶に結びつく音を聴き取ろうとしているように見える。

耳を澄ます犬を見ているうちに、わたしも耳を澄ますようになった。遠くの男の叫ぶ声も、さらに遠くでがらがらとスケボーのすべっていく音も、聴き取れるようになった。世界はほんとに音だらけであることにも気がつくようになった。

わたしはリードを握りしめ、大丈夫、大丈夫、とささやきながら歩く。犬が「だいじょうぶ」ということばを覚える頃には、きっと犬はわたしとしっかりつながって、わたしに従いたい気持ちが、遠くの男の声の怖さに打ち勝つようになるのだ。

四誓偈《しせいげ》

「四つの誓い」

我《がー》建《ごん》超《ちょう》世《せー》願《がん》　必《ひっ》至《しー》無《むー》上《じょう》道《どう》　斯《しー》願《がん》不《ふー》満《まん》足《ぞく》　誓《せい》不《ふー》成《じょう》正《しょう》覚《がく》

我《がー》於《おー》無《むー》量《りょう》劫《こう》　不《ふー》為《いー》大《だい》施《せー》主《しゅー》　普《ふー》済《さい》諸《しょー》貧《びん》苦《ぐー》　誓《せい》不《ふー》成《じょう》正《しょう》覚《がく》

我《がー》至《しー》成《じょう》仏《ぶっ》道《どう》　名《みょう》声《しょう》超《ちょう》十《じっ》方《ぽう》　究《くー》竟《きょう》靡《みー》所《しょー》聞《もん》　誓《せい》不《ふー》成《じょう》正《しょう》覚《がく》

離《りー》欲《よく》深《じん》正《しょう》念《ねん》　浄《じょう》慧《えー》修《しゅー》梵《ぼん》行《ぎょう》　志《しー》求《ぐー》無《むー》上《じょう》道《どう》　為《いー》諸《しょー》天《てん》人《にん》師《しー》

神《じん》力《りき》演《えん》大《だい》光《こう》　普《ふー》照《しょう》無《むー》際《さい》土《どー》　消《しょう》除《じょー》三《さん》垢《くー》冥《みょう》　広《こう》済《さい》衆《しゅー》厄《やく》難《なん》

開《かい》彼《ひー》智《ちー》慧《えー》眼《げん》　滅《めっ》此《しー》昏《こん》盲《もう》闇《あん》　閉《へい》塞《そく》諸《しょー》悪《あく》道《どう》　通《つう》達《だっ》善《ぜん》趣《じゅー》門《もん》

功《くー》祚《そー》成《じょう》満《まん》足《ぞく》　威《いー》曜《よう》朗《ろう》十《じっ》方《ぽう》　日《にち》月《がっ》戢《しゅう》重《じゅう》暉《きー》　天《てん》光《こう》隠《おん》不《ぶー》現《げん》

為《いー》衆《しゅー》開《かい》法《ほう》蔵《ぞう》　広《こう》施《せー》功《くー》徳《どく》宝《ほう》　常《じょう》於《おー》大《だい》衆《しゅー》中《じゅう》　説《せっ》法《ぽう》師《しー》子《しー》吼《くー》

供《くー》養《よう》一《いっ》切《さい》仏《ぶっ》　具《ぐー》足《そく》衆《しゅー》徳《とく》本《ほん》　願《がん》慧《ねー》悉《しっ》成《じょう》満《まん》　得《とく》為《いー》三《さん》界《がい》雄《おー》

如《にょー》仏《ぶっ》無《むー》礙《げー》智《ちー》　通《つう》達《だっ》靡《みー》不《ふー》照《しょう》　願《がん》我《がー》功《くー》慧《えー》力《りき》　等《とう》此《しー》最《さい》勝《しょう》尊《そん》

斯《しー》願《がん》若《にゃっ》剋《こっ》果《かー》　大《だい》千《せん》応《おう》感《かん》動《どう》　虚《こー》空《くう》諸《しょー》天《てん》人《にん》　当《とう》雨《うー》珍《ちん》妙《みょう》華《けー》

四誓偈
「四つの誓い」

わたくし、法蔵はこんな誓いをたてました。
真理の目ざめに、かならず行きつく。
それがかなわなければ、かなうまでわたくしは
みんなといっしょにまよいつづけるつもり。

わたくしは無限の時間の中で
苦しむものたちに手をさしのべ、みんな救う。
それがかなわなければ、かなうまでわたくしは
みんなといっしょにまよいつづけるつもり。

わたくしが目ざめたときには、
あらゆるところであらゆるものがわたくしの名を呼ぶ。
それがかなわなければ、かなうまでわたくしは
みんなといっしょにまよいつづけるつもり。

欲をはなれ、深い正しい心とけがれのない智慧をもって

するべきことを行い、行い、行い――。
真理の道をもとめる、こころざす
もろもろの天のひと、地をはうひとのみちびき手になる。

わたくしの力であかあかと
世界のすみずみまで照らし出す。
むさぼり、いかり、おろかさの三つの闇を消し去って
人々を苦しみから救い出す。

人々の智慧の目をひらいて
くらい、くらい、くらい、闇をうち滅ぼす。
人々の行きたがる悪い道、また道を閉じてふさいで
善い門へつれていく。

わたくしがついに目ざめたときには
この光があらゆる方角にみちみちて
あかるすぎて日も月も見えなくなる。

四誓偈
「四つの誓い」

天の光も見えなくなる。

人々のために、おしえをおさめた蔵を開き
ひろびろとわけあたえ
つねに人々の中にいて、説いて語る
声はらいおんの吠える声のように人の心にしみいる。

一切の仏をうやまい、足りぬ徳はひとつもなく
願はかなって智慧もひらかれ、ことごとく成って満たされ
全世界のまよう人たちを
ひきいる者になるのである。

わたくしの師の、世界で自在であるブッダの
さえぎられることのない智慧の力が
どこまでもとどき、照らさぬところはないように
わたくし、法蔵の力も、そうありたい。

この誓いよ、実をむすべ。
かなったときには、それをかんじて全宇宙
ものみなすべてがゆれうごくように。
はてしなく、まっさおな空から
天人の花々がふりしきってくるように。

四誓偈とは

「無量寿経《むりょうじゅきょう》」「観無量寿経」「阿弥陀経《あみだきょう》」をまとめて「浄土三部経」と呼びます。正確にはそれぞれのタイトルに「仏説」がついて、「仏が実際に語った」ということが強調され、「如是我聞（このように私は聞いた）」ということばでお経が始まる。聞いた「私」は、弟子のアーナンダ。

コノヨウニ、ワタシハ、キイタ、ソレヲ、アナタニ、ツタエマス。それが、だれかの生きざまでも、死にざまでも、何かの発見でも、旅の思い出でも、小さな野草の名前でも、人が人になにかを伝えるときのことばは神話的です。

さて、「無量寿経」で、仏（お釈迦さま）は、法蔵というの名のボサツの話を語ります。

法蔵はのちに目ざめて阿弥陀と呼ばれる仏（目ざめた人）になるのですが、今は世自在王仏というブッダ（目ざめた人）のもとで修行中。そして人々を救うために四十八の願を立てるわけです。その願のどれにも、「この願が実現しないのなら、（実現するまで）私は目ざめることなく、苦しむ人々といっしょに、この世でまよいつづけます」と言い切るくだりがついています。法蔵ボサツが四十八願を言い終わった後の、まとめの偈が、四誓偈です。

本誓偈《ほんぜいげ》

「ただおこなえ」

弥《み》陀《だ》本《ほん》誓《ぜい》願《がん》　極《ご》楽《くら》之《く》要《し》門《よう》　定《もん》散《じょう》等《さん》回《とう》向《え》　速《こう》証《そく》無《しょう》生《む》身《しょうしん》

〈むげんのひかり〉さまのお誓いは
しあわせのみちみちる国へのいりぐちだ
しずかな心でおこなう修行も
ざわめく日々におこなう善行も
ただおこなえ
おこなったら心から願え
あの国に生まれかわりますように
くるしいうき世に
とどまらずにすみますように

本誓偈
「ただおこなえ」

本誓偈とは

本誓は、阿弥陀仏〈むげんのひかり〉がブッダになる前、法蔵という名の修行者（ボサツ）だったとき、人々を救うために立てた誓いのこと。この本誓偈は、もともと善導（613～681）の「観《かん》経疏《ぎょうしょ》」冒頭の十四行偈の中の一節です。唐代の中国で浄土教を確立した善導は、法然（1133～1212）にも親鸞（1173～1262）にも大きな影響をあたえました。

犬を待つ

新しい犬が来て一か月経った。

今ではもうすっかり馴れて、散歩に行こうと言うと、うれしがって走ってきて、ドアの前ですわって待っている。寝ていると、ベッドの上に飛び乗って、ずっしりからだを預けてくる。

来たばかりのときはこんなじゃなかったのだ。びくびくして、おどおどして、目も合わせずに、近寄れば逃げていく。うちの中に野生のコヨーテでもいるような感じだった。散歩には楽しそうに出ていくのに、リードはなかなかつけさせてくれなかった。

少しずついろんなことに馴れていったのだが、大きな転機は、うちに来て二十日め、近所の犬公園に連れて行ったときだと思う。

犬公園は、ぐるりを塀で囲まれている。出入口は万が一にも犬が逃げないように二重になっている。中は広々とした芝生があり、水飲み場があり、ウンチ袋もあちこちに備え付けられてある。大小様々な犬が、リードなしで、ニオイを嗅ぎ合い、追いかけ合い、くんずほぐれつして遊ぶのである。

犬を飼う友人に、いっしょに遊ばせようと誘われた。リードがつけられないという問題はあるけれども、遊ばせてみたいし、まあなんとかなるだろうと、無謀にも連れていったわけだ。

犬同士はとても気が合って、くんずほぐれつして楽しく遊んだ。ところが、さて帰ろうとして、予想どおりリードがつけられない。呼んでも来ないし、捕まえようとすると逃げられる。こっちもムキになって身構える。その緊張を犬が感じ取ってさらに逃げる。体力的にはかなわない。犬はすす早い。その間にも友人は自分の犬にリードをつけて帰っていく。他の犬たちも飼い主に呼ばれてリードをつけられ次々に帰っていく。

さあ困った。

なすすべもない。

わたしは芝生の端にすわった。とりあえず、捕まえようとか呼び戻そうとか考えず、心をからっぽにしてみようと思った。

ところが心というものは、からっぽにはなかなかならないもので、あっちにいるあの犬は犬というより何かに似ているとか、その何かは何かだとか、愚にもつかぬ雑念がとめどなく湧いてくる。座禅をやったとき、頭の中に戸をイメージして、湧いた雑念を湧くそばから戸の外へ出せばいいと教わった。だから脳内の戸を開けてやると、雑念がごうごうと流れ出ていく。

そのうちに、ふと考えた。このままリードをつけられなかったら、犬と二人で朝までここにいるのかなあと。

現実に戻ったそのとき、犬がそばに来てすわっているのに気づいた。手を伸ばしたが、逃げなかった。夢から覚めたような心地で時計を見れば、二十分ほど経っていた。

このとき以来、犬は呼べば来るし、リードをつけようとすると、おとなしくつけさせるようになった。

わたしは昔から待つのが嫌いだ。待つという、宙ぶらりんの、ぼんやりした時間が嫌いだ。順番待ちの列の中でも、行く先に着くのを待つ乗り物の中でも、本を読んだり音楽を聴いたりして「待つ」という意識を消さないではいられない。それはもう強迫的なくらい、そうなのだ。

子どもを育てていたときだって、待たなかった。「ついといで!」と叫んで、振り返りもせずに走っていった。いやはや強引な親だった。さいわい子どもらはついてきた。そんなふうに生きてきたのに、今、この年になり、この犬が自分から近寄ってくるのを、わたしを受け入れようという気になるのを、リードをつけさせてくれるのを、待てた、ということに自分でも驚いている。

写真

日没を写真に撮りはじめた。携帯をiPhoneに替えたら、性能のいいカメラがついていた。それで「写真を撮る」ということが突然身近になった。

「写真は撮らない」が信条のわたしだった。子どもの頃、簡単な操作で写せるカメラを父に買い与えられた。自身がカメラ好きで、現像も自分でやってた父は、娘に大いに期待したんだと思うが、娘としては親の期待など知ったこっちゃなかった。修学旅行での写真が何枚か残っただけである。カメラさえなければ、目できちんと見ていろんなことを考える対象を、カメラのファインダーをのぞいたとたんに肉眼で見なくなるのが、子ども心にもいやだった。おとなになってからは、外国に行ったときも、子どもを産んだときも、写真で残すより記憶で残そうと思った。忘れるものは忘れていい、忘れないものこそ大切だ、ファインダーをのぞくことに気を取られるよりは、その瞬間目の前にあるものを見つめたい、と考えた。

子どもらの写真は他の人たちが撮ってくれたから、当人が困らないくらいには残っている。でもわたしの撮ったのは一つもない。いや、写真は撮らなかったが、イラストは描いた。『おなか ほっぺ おしり』という育児エッセイに自分でイラストをつけたのである。

イラスト描きは素人に近いから、ふだん見ているものしか描けない。うちの子どもやうちの夫、うちの犬猫、うちの机にうちの椅子。つまり日々じっくりと見つめている、熟知しているものしか描けない。しかも自分の描きたいところしか描けない。で、それがまさに、ふだんからじっくり見つめているところであった。

たとえば、幼児のすべすべのおなかとほっぺとおしり。汗でべとべとの肌やもしゃもしゃの髪の毛。肉がだぶついてひだになっている、そのひだの間に汗やホコリがたまっている、赤ん坊の手首やふともも。夫なら、後ろ姿の丸めた背中やおでこの生え際だったりした。それをよく見つめていたのだ。イラストを描くときは、焦点をよく絞ってからシャッターボタンを押す昔のカメラのように、子どものからだの、おもしろい、かわいいとわたしが思う部分を見つめぬいて、そこから描き始めたものだ。

iPhone 搭載のカメラは、昔のカメラとはぜんぜん違う。ちゃっと出してすぐ撮れる。焦点も距離も考えなくていい。シャッターボタンみたいな大仰なものもなくて、画面のアイコンに触るだけでいい。

太陽が沈みはじめる少し前に、いくつか見つけておいた観察地点に行き、立ち止まって太陽を見つめる。

　太陽は刻一刻と沈んでいく。昔みたいにフィルムの残りを気にしなくてもいいから、何枚も何枚も撮る。日没の瞬間はどうしても肉眼で見たいから、カメラというか携帯を、適当に掲げておいて、とととととと、とシャッターアイコンに立て続けに触れながら、日没を、ただひたすら肉眼で凝視するという離れ業まで開発した。

　撮れた写真は美しい。空は空に、雲は雲に見える。とても美しい。でも何か違う。肝心の日没がうまく撮れないのだ。人や犬は見たままに撮れるのに、日没は、撮っても撮っても見たものとは違う。色が違う、大きさが違う、太陽と空との関係もまるっきり違う。

　それで考えた。どうも、わたしの目はもっと大きな範囲を見ているようだ。沈む陽の上にひろがる果てしのない空や、雲のさまや、沈む陽の下にひろがる果てしのない海や、寄せる波や、浜辺の石ころや海藻や千鳥や、そういうものを一切合切見とおした上で、日没を見て、沈んでいく太陽というものをとらえているのではないか、と。

　日没は、大きな仕組みの中の一つ。それは周囲の一つ一つとかかわりながら、一瞬一瞬、変化していく。そして翌日、また同じことをくり返す。いや、同じようなことだが、決して同じじゃない。

　この頃は、せめてもの試みで、日没というより空を撮る。まちがっても沈む陽を画面のまん中には据えず、下の隅の方に据えて、なるべく多くの空を撮る。

聞《もん》名《みょう》得《とく》益《やく》偈《げ》

「みんないける」

其《ご》仏《ぶつ》本《ほん》願《がん》力《りき》　聞《もん》名《みょう》欲《よく》往《おう》生《じょう》　皆《かい》悉《しっ》到《とう》彼《ひ》国《こく》　自《じ》致《ち》不《ふ》退《たい》転《てん》

仏のねがいの大きさよ
み名をきき
み名をとなえ
あのくにへ
いきたいとおもえ
そうすればいける
みんないける
あのくにへいける
ずっといられる

聞名得益偈
「みんないける」

二度ともどらない

聞名得益偈とは

「無量寿経」下の「東方偈」の一部分です。

「あのくに」とは極楽浄土、阿弥陀仏〈むげんのひかり〉の国で、そこに生まれ変われれば、生き変わり死に変わりのループからのがれられる。

極楽浄土に生まれ変わりたい（浄土に行きたい）という願いを確かにあらわすために、念仏の後やお経を読み上げた後にこれをとなえるそうです。ポイントは「不退転」。これは、修行の上で前の段階に「後戻りしない」ということで、決意がここにあらわれているわけです。

「おねんぶつ」とか「なむあみだ」とか子どもの頃から耳にはさんできましたが、こうしていろんなものを読むうちに、「なむ、あみだぶつ」と阿弥陀仏〈むげんのひかり〉の名前をとなえる行為で、それは阿弥陀がブッダになる前、法蔵ボサツだったときに立てた願なんだとわかってきて、ほんとうにスッキリしました。呪文なんかじゃなかった、意味のあることばだったのだと思って。

ウサギ

犬の散歩は朝夕の二回やっているが、実は朝より夕方が好きだ。しかも日暮れに近い夕方が好きだ。

もちろん日没が見たいというのもある。日中のぎらぎらした日差しがなくなって、日焼けを怖れなくていいというのもある。

鳥もよく鳴く。夕方になると活発に動く鳥がいる。

そして何より、野ウサギが多く出てくる。それを追いかけるのが、うちの犬の大好きな遊びというか、サガというか。

ウサギ追いしかの山というあの名歌、東京の裏町育ちのわたしにはファンタジーだったが、ここ、カリフォルニアでは現実なんである。

近所の公園は、遊具があって砂場があってという公園ではなく、自生植物の保護が主眼の公園で、まあ、日本の人がイメージするところの「荒れ地」にそっくりだ。

定期的にボランティアが外来の植物をひっこ抜きにくる。熊本の自然なら、外来植物を抜いても抜いてもまた生える。いくらでも生えて収拾がつかない。でもカリフォルニアの気候は苛酷すぎて、抜くだけでコントロールできるほど、外来植物が少ないのだ。

公園の一端に、再生水で維持されている芝生がある。夕方、犬を連れてほっつき歩いていると、昼間は見ない野ウサギがあっちにもこっちにも出てくる。芝生のへりには並んで草を食っている。やぶの中の細道を歩けば、ウサギが飛び出してくる。

それまでリードを外して歩いていたのを、芝生の手前で、わざわざつける。そして多少引き気味に持って、芝生に出る。その時点で犬にはわかっている。目の前にウサギたちがいることが。追いかけずにはいられないことが。

リードを放すや、犬は走る。ウサギたちは白い尾を見せて、跳ねて逃げる。犬は土煙を立て、うなり声をあげて、ウサギたちを追いかける。

ところが不思議なことに気づいた。しきりに草を食べているウサギたちが、わたしたちの気配に気づくや、その場でぴたりと動かなくなるのである。まるで「私は石。私は石」と呪文をかけているようだ。不思議なことに、その呪文は、犬に対してはよく効くのである。しかしわたしにはまったく効かない。遠くからでも、そこにウサギがいる事実ははっきりと見える。ただ、動いてないだけだ。

わたしは現代的な生活をしているわけで、肉は、肉になったやつをスーパーで買ってきて料理して食べる。でも目の前に動かないウサギを見て、狩人の心がさわぐのである。手に飛び道具があり、殺して皮をはぐのさえ厭わなければ、どれだけのウサギが狩れるか。

何日分の食料になるか。捕らぬウサギの皮算用をして、毎夕、うほほほと思っている。

ところが、それが犬には見えてない。犬には動いているものしか見えてない。それでウサギの呪文にたやすくかかる。芝生の前でリードをつけないと、犬は何も考えずに芝生に入り、呪文にかかって何も見えない。そのうちに辛抱できないウサギが動いて、犬にも見える。

犬の視力や認知力がどんなもので、人間とどう違うか、ちょいと調べりゃすぐわかるが、ぐうたらにつき、調べてない。それで毎夕、同じことを考えるに留まる。つまり、ウサギはバカだな、犬もバカだな、わたしはこいつらより目が良くて、認知力があるんだな、と。そしてなんだか少し得意になる。

得意になりつつも、なんだか、犬とウサギは同じ世界に住み、同じルールを共有していて、わたしだけ違う世界に住んでいるような感じさえして、一瞬、おそろしい孤独に陥るのである。

スカンク

ある夕方、スカンクの臭いがした。

アメリカに最初に来たのが一九九一年、そのとき、ある夕べ、いっしょにいた人が「あ、スカンクの臭いがする」と言った。わたしにはわからなかった。その臭いそのものがまったく未知のものだったからだ。人に嗅ぎ取れるものが自分に嗅ぎ取れない。それがとても不思議だった。

それからもう二十四年（早いもんだ）、今では、あのときのあの人のように、「あ、スカンクの臭いがする」と嗅ぎ取れる。生きてるのも見たし、死んでるのも見た。死骸が路上にあると、必ず臭いがあたりに漂う。

スカンクは白黒でふわふわとして、お尻が大きく、尻尾がふさふさ、とっても愛らしいが、顔が小さくて黒いから、ウサギや何かとちがって、その眼を見たことがない。いつも下を向いて必死で歩いている印象だ。危機にあうと肛門嚢から分泌物を噴射する習性がある。それをよく、スカンクのおならというけど、人間のおならとはまったく違う。玉葱が腐ったような臭いである。何か燃えちゃいけないものが焦げたかとも思う。ガス漏れしてるかとも思う。なんだか油っこい臭いなのである。

「あ、スカンク」と嗅ぎ取ったときというのは、スカンクがその分泌液を放ったとき、つまり死ぬほど脅かされたか、死んだかだ。

死んでないといいなといつも思う。ただ犬に脅かされただけだったらいいなと思う。でもそういうことはめったになくて、臭いを嗅いだ夜の翌朝（かれらは薄暮に活動する）たいてい路上でスカンクが死んでるのを見る。

だからその夜も娘と話していたのだ。「ひかれてないといいね」と。「こないだも一匹、子どものスカンクがひかれて死んでるのを見たよ」と。

ところがなんだかいつもと違う。臭いが強すぎる。玉葱は、腐り果ててドロドロしてる感じである。外で工事か、何か焦げてるか、娘と二人で嗅ぎまわっていたところ、足元で、うちの犬の挙動が不審である。犬用ベッドや人用クッションに、顔やからだをこすりつけている。そうかと思うと、不安にかられてうろうろと動き回る。娘が抱きあげてみて、うわなんだこれは、と。

察するにこういうことだ。うちの荒れ果てた裏庭を、薄暮、ウサギやスカンクが横切るらしい。で、犬はたまたまそれと遭遇した。そしていつも公園で追いかけているウサギと思った。ウサギは茶色でスカンクは白黒だ。それは一目でわかるから、かしこい捕食動物はちょっかいを出さないそうだ。しかしうちの犬は、かしこい捕食動物というより、もの知らずの愛玩犬だった。

それで追いかけた、嬉々として。そしたらそれが、いつものウサギじゃなかった。足を踏み鳴らした。くるりと後ろを向いて尻尾をあげた（ともにスカンクの威嚇行動である）。そこでやめるべきだったが、犬はやめなかった。スカンクは、犬の顔をめがけて分泌液を噴射した……というのがわたしたちの推測である。

この臭いに対するアメリカ人たちの智恵は、トマトジュースで洗えという。あいにくトマトジュースがなかったから、水煮トマトとトマトペーストを混ぜ合わせ、ぬるぬるしたトマトの実を犬の体にもみこむようにして洗った。ふだんは洗われるのをいやがる顔も徹底的に洗った。犬は観念してされるがまま、まっ赤な惨劇の一夜であった。

一夜明けて、犬にも家にも、そこはかとなく臭いが残っている。ふと嗅いで、あ、どこかでまたスカンクが死んだと一瞬思う。

藪の中

カリフォルニアの荒れ地は藪《やぶ》だらけ、ヤマヨモギの藪、セージの藪、ソバの仲間だけど実のならないカリフォルニアソバという草も藪になる。

ヤマヨモギやセージには強い芳香がある。

誰もいない荒れ地で、植物が、何のために芳香を放つのか、ここに生きてる動物たち、コヨーテやウサギやスカンクやガラガラヘビなんかは、これを芳香と感じるのか、考えてみると不思議である。

ある藪の中に、死骸がある。

人間が入っていかれないような奥だから、見たことはない。なぜ知っているかというと、犬を連れて歩いていると、犬が必ずそこに入りこんでなかなか出てこないからだ。

誰もいない荒れ地だから、リードを放して歩いている。犬はウサギを見れば追いかけ、地リスの穴を見つければほじくり、思いのままに歩いていく。呼べば（気の向いたときだけ）戻ってくる。でもそのときは、呼んでも呼んでも戻ってこなかった。何かあるなと思ったのだ。飼い主の声より犬の心を強く惹きつけるもの。たぶん、人の心をそんなに惹きつけないもの。

案の定、のそのそと戻ってきたとき、犬は悪臭にまみれていたのである。

いやもう、ひどかった。

臭《くさ》いとしか言えないにおい。糞便のにおいじゃない。それよりもっと甘ったるく、しつこくて、揮発性のようで、複雑で深い。やがて気がついた。死骸のにおいだ。藪の中に死骸があって、腐って死臭を発しているのだ、と。

犬を飼っていない読者に説明します。犬というのは、どういうわけか死骸が好きで、死骸が腐って乾いて風に吹かれて何もなくなった跡があれば、熱心に嗅ぎまわるし、背中をすりすりとこすりつけたりもする。先祖代々人間に抱かれて生きてきたような愛玩犬さえそうする。つまり、ちょっとやそっとのしつけや訓練や遺伝子操作なんかじゃ無くならないような犬の本能なんだと思う。

腐った死骸は臭い。ほんとに臭い。

「臭い」ってことばが、まさにこのにおいから生まれたんじゃないかと思うくらい、根源的に臭い。

死臭ということばは知っているが、死んだ直後の父も夫も、そんなにおいはしなかった。母は、知らせを受けて帰ったときには、すっかり納棺師さんに処理されていた。しばらく安置される間に、かれらの顔かたちが変わっていくのには気がついた。吸いこまれそうにひんやりと冷たい額や頰を撫でたりもしたけど、においには気づかなかった。

犬が最初にそのにおいをつけてきたときは、家に帰るや、犬の全身をごしごし洗い立てた。においは落ちたような気もするし、落とし切れずに残ったような気もする。洗った翌日、犬はまた藪に入り込み、同じにおいをつけてきた。

その藪のさらに奥には小さな流れがある。死骸の好きな犬は水も大好きで、その流れにも必ず飛びこむ。灌木が生い繁って何も見えない。ただ犬が水をはね散らかす音だけが聞こえる。そうとう汚い流れなんだと思う。びしょ濡れになって戻ってくる犬はなんだかどぶ臭い。でも死臭よりどぶ臭さの方がずっとましだ。拭いて乾かした後は、立ち枯れたヤマヨモギを折り取って、つんつんにおう枯れた花穂で、犬の全身をこすってやる。

だいぶ経った。もう悪臭はしなくなった頃、その藪をのぞいてみた。

尻尾がひとつ残っていた。肉も内臓も、たぶん骨も、コヨーテにぜんぶ食われ、大気にさらされ、風に吹かれ、この尻尾だけが、生きていたときのようにふわふわと残っていた。

巣立ち

春の終わり。家の裏手の不要の木材を積み重ねてあるところに小鳥が巣を作り、子育てをした。カリフォルニアのわが家の周囲で、同じ小鳥が、同じ個体かどうかはわからないが、何年も巣を作る。

初めて気がついたのは数年前。車に乗り込もうとしたら、やたらにちゅくちゅく小鳥の鳴き声がして、小鳥が飛び交っていた。そこは車寄せで、勝手口のまん前で、上には屋根が架けてある。つまり人間の意識からすれば外というよりはまだ内。それなのに、野鳥が何羽もそこを飛び交う。車寄せの板壁にぶつかるのもある。車にぶつかるのもある。まっすぐにわたしに向かってきたのもある。わたしがよけなければ、そのままわたしに激突しただろう。見ると、巣立ちしたばかりのひな鳥である。指導する親もいる。

親も子もいやに小さい。スズメよりもずっと小さい。体は灰褐色で、すっきりと尾が長い。調べてみて、house wren イエミソサザイというのだと知った。

それから毎年、家の周囲のどこだかで巣を作った。ある年は、戸口の脇にぶらさげた吊り鉢の中に作った。植物に水をやれなくて、鳥も好きだが、植物も大好きなわたしは悶々とした。人がばたんばたんと出入りするたびに、親鳥が驚いて飛び立つ。夜になると、巣の真上に明かりが灯る。最後の家族が帰ってきてぱたんと戸を閉めるまで消えない明かりである。もっと落ち着いたところに巣を作ればいいのにと思ったが、鳥には鳥の理由がある。何が天敵か調べてみたら、猫、ネズミ、フクロウ、蛇……。たしかに、そいつらはここまで来ない。そんなふうに日々が過ぎて、ある日、巣はからっぽになっていた。

それが数年間続いた。

あるとき、幼かった娘が椅子を持ち出してきてのぞいたが、そそくさと下りて暗い顔をしてしょげかえったので、どうしたと聞くと、「しんでた」と。みんなで憐れんだ。死骸を見るのがいやで、巣はそのままにしておいた。そしたら数日して、親鳥がさかんに餌をくわえて出入りしている。たまに黄色い嘴《くちばし》も見える。娘は、丸はだかの、羽根も生えてないひなたちを見て、死んでると思い込んだのだった。

何年も経った。戸口の吊り鉢はいつしか枯れた。鉢はぶらさげておいたが、鳥は来なくなった。

そしたら先日、娘が、もう成長してお姉さんになっているのだが、鳥が巣を作っているという。それが、冒頭に書いた家の裏手の木材の間である。

数日経った。ひなが出てきたと、娘が呼びに来た。見に行くと、なるほど、親がちゅんちゅくいってる前で、一羽、また一羽とひな鳥が巣から出てきて、飛び出ようとしている。ひなは親鳥とほとんど同じくらいの大きさだが、丸々として、実に、実に、愛くるしい。

尾がすり切れたように短くて、頭の毛がぱふぱふに立っている。巣から飛んだはいいが、立てかけてある板にしがみついたままのもいる。板の下にもぐりこんで出てこないのもいる。なかなかうまく板から塀に飛び移ったのもいる。それをいちいち親が見つめ、子に寄り添って、飛んでみせる。

この後どうなるか調べてみたら、ひなたちは、このまま巣には帰らないそうだ。うまく飛べるものもなかなか飛べないものも、そのまま外で暮らして、飛ぶ技、餌をとる技を親に教わりながら、親に養ってもらうんだそうだ。数日間そうやって生き抜いて、親から離れていくそうだ。

このあやうい期間に、猫や蛇やフクロウに狩られるのももちろんいる。それは、ああ、そうだ、しかたのない、自然の摂理というやつ。

キノコ

今年、南カリフォルニアの秋は、日本の真夏みたいに暑かった。いつもさわやかなここでは珍しいことだ。温暖化の影響がとうとう来たかと不安に襲われた。そして今、北半球的にはもう冬というこの時期になって、やっと暑さがおさまり、雨がしょぼしょぼ降った。冬には雨がたまに降る（春夏秋は降らない）、そういう地域なんである。そしたら、いきなりキノコがあちこちに涌き出てきた。

キノコだけじゃない、地衣類や苔類がとつぜん出現し、生きた木の肌、枯れた木の肌、ありとあらゆる木の肌も、石もコンクリも、うっすらと緑色に染まった。それから、緑灰色、赤、黄、いろんな色に染まった。

毎日行く公園は、自然の保護が趣旨の公園で、植物は生えるがままに放っておかれてある。熊本だと、生えるがままに放っておかれたら、瞬く間にいろんなものが生え出して他を押しのけながら伸びようとして収拾がつかなくなるが、ここは何もかも乾いて、殺伐として、赤茶けた土は乾くと砕けて砂になる。荒れ地である。

その赤い土をかきわけて、ドーム形の白いキノコが一面に現れてくる。大きいのはジャンボ梨くらいにもなる。子どもが水たまりを踏んで歩く要領で、わたしはそれを踏みつぶして歩く。踏みつぶすやぱあっと青緑色の煙が立ち（ここが楽しい）、どす黒い粉っぽい中味がほろほろと崩れる。食用キノコじゃないと思う。色も形も。食べたくならないし、料理法も思いつかない。青緑の煙は、キノコの胞子である。これだけ踏みつぶして胞子を散らしてるんだから、次の雨の後には何百となくキノコが出てきてもよさそうなものだが、そうなったためしがない。自然は厳しい。

公園の一角には、木を粉砕したチップ材が敷きつめられている。そこにポルトベロキノコが出る。高級食材として売られている肉厚の大きなキノコが、お店で見るとおりの形で点々と出る。躊躇したが、どう見てもポルトベロだし、ポルトベロそっくりの毒キノコは存在しないようなので、持ち帰って焼いて食べた。味もやっぱりポルトベロだった。敷かれたチップ材にたまたま菌がくっついていたんじゃないかと思われる。もともとポルトベロは、ふつうの白い「マッシュルーム」と同一品種、ただ色と大きさが違うだけなんだそうだ。味は違う、ずいぶん濃くておいしいと思っていたんだが、気のせいか。

でもなんといってもおもしろいのは、芝生に生えるキノコである。

その芝生は公園の端っこにあって、再生水で維持されている。そこにいろんな木が生えている。マツやライブ・オークやカリフォルニア・スズカケノキや。その一本のスズカケノキの周囲に、薄茶色のキノコが群がっている。

カサのつぼんだキノコが何十と地から涌きあがるようにむくむくと現れて、光を含んでぴかぴかと輝く。数日すると、カサがひらき、みごとにキノコ形のキノコになって、すっかり熟れて、やがて黒ずみ、しぼんで消える。生きざまを一歩離れたところから観察してみると、キノコたちが木を中心に輪を描いているように現れているのがわかる。古いケルト文化の石の遺跡みたいである。

その木をよくよく見ると、新しい葉が出てきていない。

古い実がかさかさに乾いたまま、みすぼらしげにぶら下がっている。つまり木は枯れかけているのである。それで思い出した。前にもこういうことが何度もあった。キノコがとりまいていると思ったら、その木は枯れていった。あるいは、枯れてるみたいと思ってよく見ると、周囲をキノコがとりまいていたってことが。

キノコにくわしい人に聞いた。キノコとは、地上に出ているのはほんの一部分で、地中には、その何倍もの菌糸体がはりめぐらされているそうだ。そしてキノコとは、その菌糸体で、木を分解しているのだそうだ。そうやって栄養分を取って生きてるのだそうだ。

数か月、ないしは数年、長い長い時間をかけて、木は命を終えていく。命を終えていく木の周囲に、出たりひっこんだりしながら、キノコは、長い時間をかけて、木を分解して自分の生命に取り込んでいく。でもそれは、人の死を身近に見てきたわれわれとしては、死んでいく木をみつめて、みまもって、見届けていく行為にほかならない。

やがて人がやって来て、枯れた木を切り倒し、根こそぎにして地をならす。それでも、菌糸体は地中に残り、キノコは地上に現れる。木のあった跡、そのぐるりに、キノコは地中からつながる輪を描く。ここに木があった、ここで木が生きてたと、キノコたちが記憶しつづけるのである。

法華経従地涌出品偈《ほけきょうじゅうじゆじゅっぽんげ》（部分）

「涌き出したボサツたち」

そのとき、よその世界からやってきた、ガンジス河八すじ分の砂の数より多いさとりをもとめる人たちが、群衆のなかから起ちあがり、目ざめた人であるシャカの賢者さまに合掌《てをあわ》せ、礼をして、こうもうしあげました。

「とうといおかた。あなたがお滅《な》くなりになったあと、わたしたちがこの世界でよく勤めて精進《ひたすらすす》み、このお経を護持《まも》り読誦《よ》み書写《かきうつ》し供養《もてな》すことをゆるしてください。わたしたちはこの世界で人々に広くこのお経を伝えましょう」

そのとき、シャカの賢者さまは、その人たちにこうおっしゃいました。

「やめなさい、信心を持つ人たちよ。おまえたちにこの経をまもってもらうまでもない。なぜかというとこの世界には、さとりをもとめる人たちが、ガンジス河六万すじ分の砂の数ほどいるのだ。その一人一人に、それぞれガンジス河六万すじ分の砂の数ほどの人が従っているのだ。わたしの滅《し》んだ後は、彼らが、この経を護持《まも》りよく読誦《よ》み、広くこの経を人々に伝えてくれる」

法華経従地涌出品偈（部分）
「涌き出したボサツたち」

シャカの賢者さまがこうおしえてくださったとき、三千大千世界の国土という国土、地面が震えてめりめり裂けて、中から、無量千万億もの、さとりをもとめる人たちが、いっせいに涌き出しました。

彼らのからだはきれいな金色で、目ざめた人に特有の三十二相と、無量の光をもっていました。みなすべて以前から、わたしたちが今いるこの世界の下にある虚空のなかに住んでいたのでありますが、シャカの賢者さまのお声もおしえも聞きつけて、下の世界からあらわれ出て来たのでありました。

さとりをもとめる人たちは、その一人一人が人々の指導者であり、それぞれが、したがう者をガンジス河六万すじ分の砂の数ほどつれていました。

もちろん、ガンジス河五万すじ分の砂の数ほどつれている者も、ガンジス河四万すじ分の砂の数ほどつれている者も、ガンジス河三万すじ分の砂の数ほどつれている者も、ガンジス河二万すじ分の砂の数ほどつれている者も、ガンジス河一万すじ分の砂の数ほどつれている者もいました。

もちろん、ガンジス河一すじ分の砂の数ほどつれた者も、ガンジス河半すじ分の砂の数ほどつれた者も、ガンジス河四分の一すじ分の砂の数ほどつれた者も、あるいは、ガンジス河一千万億の一千億分の一すじ分の砂の数ほどつれた者もいました。

そこにまた、一千万億の一千億の人々が従ってくる。一億万の人々が従ってくる。一千万の人々が従ってくる。一百万の人々が従ってくる。一万の人々が従ってくる。そこにまた、一千の人々が従ってくる。一百の人々が従ってくる。十の人々が従ってくる。あるいは五人が従ってくる。四人が従ってくる。三人が従ってくる。二人が従ってくる。たった一人の弟子が従ってくる。

そこにまた独りきりで遠く離れて行するのをねがう者もいる。このような者もまた、はかりしれずはてしもなく、数えるのも何かに譬えてあらわすのもむだであります。(惜しみつつ後略)

法華経方便品《ほけきょうほうべんぼん》（部分）
「なぜ仏は世にあらわれたか」

（目ざめた人はしゃーりぷとらにいいました）
「すばらしいこのおしえ。
自分が説いておしえるのも
うどんげが花を咲かせるのも
めったに出会えることじゃない。
しゃーりぷとら。
信じなさい。うそはつかない。
しゃーりぷとら。
目ざめた人のおしえは解りにくい。
なぜだとおもう？
いろんなやりかたや
もとになることやつながっていくことや

たとえやことばをつかって、わたしはおしえる。
頭でわかろうとしてもだめだ。
目ざめた人だけにわかることだ。
なぜだとおもう?
目ざめた人は大仕事をすることになっている。
それで世にあらわれた。
しゃーりぷとら。
どうしても世にあらわれて
しなくちゃいけない大仕事とは何だとおもう?
目ざめた人は
あらゆる生きものを
自分の知ったことと見たことへ向かわせて
こだわりを無くして澄んだ心を持たせたい。
だからこの世にあらわれた。
目ざめた人は、
あらゆる生きものに
自分の知ったことと見たことを知らせたい。

だからこの世にあらわれた。
目ざめた人は
あらゆる生きものに
自分の知ったことと見たことをわからせたい。
だからこの世にあらわれた。
目ざめた人は
あらゆる生きものを
自分の知ったこと見たこと、そこからの道に入らせたい。
だからこの世にあらわれた。
しゃーりぷとら。
目ざめた人は
その大仕事をするために世にあらわれた
（目ざめた人はしゃーりぷとらにいいました）
「目ざめた人たちがみちびくのは
みんなを救おうとする人たちだ。
すべて、この大仕事のため。
目ざめた人たちの知ったこと見たことを

あらゆる生きものに伝えて
目ざめさせたい。
しゃーりぷとら。
自分たちはあらゆる生きもののためにおしえを説く。
乗り物はたった一つ。
二つや三つ、あるわけじゃない。
しゃーりぷとら。
いたるところにおられる目ざめた人たちも
そのおしえはみな同じ。
しゃーりぷとら。
昔おられた目ざめた人たちも
いろんなやりかたや
もとになることやつながっていくことや
たとえやことばをつかって、説いてこられた。
乗り物はたった一つ。
だから
あらゆる生きものがいる。

目ざめた人々にしたがい、
おしえを聞いて
やがてついに目ざめる、一切のすべてのかんぜんな目ざめである。
しゃーりぷとら」
（この後同様のことを何回もくり返す）

法華経とは

「みんなで成仏しよう」という思想をもった、大乗仏教の代表的な経典で、紀元一世紀頃に成立した（諸説あり）ようで、日本では七世紀初めに聖徳太子が注釈書をつくったりしています。わたしたちの読む漢訳は、鳩摩羅什（３４４〜４１３）によって、五世紀のごく初めにつくられました。

「法華経」「般若心経」「無量寿経」「観無量寿経」「阿弥陀経」等々、大乗仏教の経典を読んでみると、ストーリーがたいへんイキイキとして、新しい考えを持つボサツが古い考えの修行者と対立したり、ものの知らずの弟子がおシャカさまに問いかけたりしている。とても演劇的で、声で語られたらさぞおもしろいだろうなと思うのもそのはず、その昔、インドの、埃っぽい、野良犬の徘徊する辻々で、修行者たちが、語って歩いたんだそうです。

つまり、それもまた語り物。

わたしたちのよく知っている『平家物語』や『曽我物語』や『説経節』などと、同じようなものではなかったか。そこで語っていた修行者とは、旅の勧進聖《かんじんひじり》や歩き巫女《みこ》のような人々だったのではあるまいか。

イキイキとしたストーリーで、演劇的で、楽しいはずなのに、ぱっとわかるというわけにはいかないのは、やっぱり現代日本語で読めるお経の文章が、漢文読み下しで、いやが上にも漢字だらけなのと、サンスクリット語からの翻訳文が硬いのと、そしてその上、ファンタジー小説のように、想像上の存在や出来事がごちゃごちゃ出てきて、その名前が、中国語とサンスクリット語でごっちゃになってるせいもあると思うのです。

信者なら、初めから最後まで読み通して思想をくみ取るんでしょうが、信者じゃない上にこらえ性もないわたしは、飛ばし飛ばし、順不同、好きなところや心にひっかかったところを読んでいきます。あしからず。

まず、「観世音菩薩普門品《かんぜおんぼさつふもんぼん》」の偈がおもしろい。

その偈は「観音経《かんのんぎょう》」と呼ばれて、世間にあまねく知れわたっています。何か困ったことがあれば観《かん》音力《のんりき》を念彼《ねんぴー》するのだと、アンパンマンのような、キャロル・キングの「You've got a friend」のようなダイナミックな内容に、翻訳者鳩摩羅什のことばのセンスがキラキラ輝いている。てなことを『読み解き「般若心経」』に書いたので、そちらも読んでいただけたら。

それから「方便品」もおもしろい。

ここに出てくるのがしゃーりぷとら。ひらがな表記はわたしの趣味です。シャーリプトラじゃ恐竜の名前みたいで。「般若心経」にも出てきて、鳩摩羅什訳では舎利弗《しゃりほつ》と訳され、玄奘《げんじょう》訳では舎利子《しゃりし》と訳されて、観音ボサツに何回も呼びかけられていたあの人です。

法華経方便品（部分）
「なぜ仏は世にあらわれたか」

法華経にはいろいろなボサツたちが出てきます。ボサツとは、修行者なんですが、苦の娑婆にとどまって、手をさんざん汚しながらも生き抜いて（ここ、わたしの解釈）、自分の身はともかくも、他の人たち命たちをまず救おう、みんないっしょに浄土に行こうと覚悟した人々です。

ボサツに対してしゃーりぷとらは、弟子集団の長老で、とてもかしこく、ブッダのおしえを忠実に聞き取りながら修行してきた人であります。ある意味ボサツと対立した存在だったわけで、だからこのように、「般若心経」にも「法華経」にも出てくるし、名指しで説教されたり、おシャカさまに質問したりして大活躍。この人がいるから、対話が生まれて劇場型になる。お経がおもしろくなる。

「なぜ仏は世にあらわれたか」では、話し手はおシャカさま、聞き手はしゃーりぷとら。仏とはブッダ、「目ざめた人」という意味です。訳し出したのは最後についている偈ではなく、章の途中（そこも偈になっています）。わたしが、なんだかその部分が好きだったんです。

それから訳しませんでしたが、「常不軽菩薩品《じょうふきょうぼさつほん》」もおもしろい。

「つねにあなたを軽んじません」と言ってまわったボサツの話で、宮沢賢治の「雨ニモ負ケズ」や「虔《けん》十《じゅう》公園林」の元ネタだそうです。読んでみると、なるほど賢治や虔十やゴーシュやブドリを彷彿とさせます。そして考えるんです。賢治だけじゃない、今の世の諸問題、毎日毎日、新聞で読むあの問題も、この問題も、人を軽んじないというこの姿勢さえあればいいのにと。ジョン・レノンに「イマジン」のメロディで歌ってもらいたいくらいです。

これも訳しませんでしたが、「提婆《だいば》達多《だった》品《ほん》」もおもしろい。

悪人成仏と女人成仏について語ってあるから、宗教と女について考えるときには外せません。女はまず男になって、それから成仏（目ざめた人になる）できるとか、トンデモすぎてトテモおもしろい。

同じく訳してないんですが、「陀羅尼品《だらにほん》」もおもしろい。

呪文だらけで聞き慣れない音ばかりだから、どこを読んでも同じに思えるんですが、耳をすますと何か聞こえてくるのです。『法華経の新しい解釈』（庭野日敬）で、陀羅尼品の一節「あに・まに・まねい・ままねい・しれい・しゃりてい・しゃみゃ・しゃびたい・せんてい・もくてい・もくたび・しゃび……」をこんなふうに訳してあるのを読みました。

「不思議よ。思う所よ。心よ。無心よ。永遠よ。修行よ。寂静《じゃくじょう》よ。淡白よ。変化よりの離脱よ。解脱よ。済度よ。平等よ。無邪心よ。平和よ。平等よ。迷いの滅尽よ。無尽の善よ。……」

このたたみかけるような祈りのことばに、わたしは心を揺さぶられたのでした。ことばには、最初は意味がありました。でもだんだん呪文化していきました。呪文は呪文で大好きなんですが、意味を伝えてみたくてたまらない詩人心が、この現代日本語に訳されたことばを（耳で聞くのではなく）目で読んで、意味を解り、しっかりと心に届いた。そして心を揺さぶられた。それは、祈りそのものでありました。

「従地涌出品」もおもしろい。

奇妙きてれつな話です。おびただしい数の群衆がおシャカさまの話を聞きに集まっている。そこによその国からおびただしい数のボサツ（ブッダになるために修行中の人）が来て「おシャカさまが亡くなった後は、われわれが布教しましょう」と申し出るが、おシャカさまは「止善男子」と断り、「この世界にもボサツはたくさんいる。かれらが教えをひろめてくれる」と言う。すると地面が裂けて、おびただしい数のボサツたちがわらわらと涌き出してくる。キノコの生態について調べていたとき、これはアレかとこの章（品）を思い出しました。

「止善男子」の「止（やみね）」ということばに、一瞬、シッダールタという人の厳しさを聞いたような気がした。「止（やみね）」は「仏遺教経《ぶつゆいきょうぎょう》」にも出てくるんですが、「仏遺教経」もまた鳩摩羅什の訳であります。

この章（品）で、気になるのが数を語ることば。

ガンジス河の砂の数（おびただしい数）だの、那由他《なゆた》（おびただしい数）だの、しつこく、大げさにくり返されて、しまいにはこの時代のインド人たちが数字に細かいのか大雑把なのか、わからなくなってくる。これは、映像でもアニメでも漫画でも表現できない語りの真髄だと思います。

そして「如来寿量品《にょらいじゅりょうほん》」自我偈《じがげ》もおもしろい。

「如来寿量品」の最後につけられた偈です。

「従地涌出品」では、地中からおびただしい数のボサツが涌き出してきたわけです。かれらの素性をたずねると、なんと、みんな、おシャカさまが教えみちびいた人々だという。

ちょっと待て。計算が合わない。だっておシャカさまはブッダになってからまだ四十年くらいしか経ってない。いったいどうしたらこんなたくさんの人々を教えみちびくことができたのか。

そこで、いずれブッダになる予定の弥勒ボサツがみんなの意見を代表して、現ブッダのおシャカさまに「計算が合いませんが」と問うたところで「従地涌出品」が終わり、それを受けて始まったのが「如来寿量品」。

前章（品）の弥勒の質問にたいして、おシャカさまが答えます。

「ふふふ、今まで言わなかったが、実はわたしは死なない。いつまでも生きておるのだよ。でもときどき死んだふりをするのだよ」

つまり、永遠の命であり、存在であるのだということ。

ここに訳し出した偈は「自我得仏来」ということばで始まるので「自我偈」と呼ばれています。「いつもそばにいるよ」という、いつもとても聴きたかった大切なことを耳元でささやかれているような偈であります。

法華経如来寿量品偈《ほけきょうにょらいじゅりょうほんげ》（自我偈《じがげ》）「私が目ざめてからこのかた」

私が目ざめてからこのかた
長い長い時間が経った。
無限にちかい時間だった。
その間私はたえまなく法を説いてまわり
心あるものの生きるもの
無数億のかれらをみちびいて
真理の道に入らせた。
それからまた長い長い時間が経った。
無限にちかい時間だった。
私はかれらを救うために
死んだふりをしてみせたが
実は私は生きている。

いつだってここにいて、生きて法を説いている。
私はいつだって生きているが
ふしぎな力を使って
おろおろと迷う人々には死んだことにして見せる。
かれらは私の死を見て
遺骨をまつり、恋しがり
渇いて水をほしがるような信心を持つだろう。
すでにこの道に入った人々
まっすぐな心やわらかい心を持ち
ひたすら〈目ざめた人〉を見ようと身命《しんみょう》を惜しまぬ人は
私や僧たちとともに霊鷲山《りょうじゅせん》に行こう。
そこで私はみなに語ろう。
「私は生きている。私は死なない。
ふしぎな力を使って
死ぬも死なないも自在にあらわせる。
よその国の人々が心から信じてくれるなら
私はそこにもわけ入って何よりもすぐれた法を説こう」

法華経如来寿量品偈（自我偈）
「私が目ざめてからこのかた」

きみたちはこれを聞かずに
ただ私が死んだと思ったのだ。
心あるもの生きるものよ。
私はつねに見まもっている。
苦海《くかい》に沈む人には
生きた身体をあらわさず
渇いて水をほしがるような信心をおこさせよう。
慕いもとめる人には
生きた身体をあらわして法を説こう。
私にはふしぎな力があるのだ。
長い間、私は霊鷲山にいた。
ほかのさまざまな場所にもいた。
この世界に終わりが来て定めの火に焼かれるときも
私の土地はおだやかだ。
神々や人々がみちあふれ
園も林もたてものも宝にかざられておごそかだ。
うつくしい樹々には花がさき実がなり

人々は安楽に生きている。
天人は天鼓《てんこ》をうち音楽をかなで
花が〈目ざめた人〉と僧たちの上にふりそそぐ。
そうだ、私の土地は浄《きよ》らかでおだやかだ。
それなのに人々は
焼き尽くされた光景ばかりを見る。
悲しみや怖れ、苦しみや悩みを見る。
罪にまみれ、悪い縁にひきずられる人は
〈目ざめた人〉にも法にも実践する僧たちにも出遭えない。
善い行いをかさね、まっすぐな心やわらかい心を持つ人は
私の生きた身体が法を説くところに出遭えるのだ。
その人たちのために
〈目ざめた人〉の命は無限だと説こう。
長い時間をかけて〈目ざめた人〉に出遭った人には
〈目ざめた人〉に出遭うのはそんなにもむずかしいと説こう。
私のふしぎな力は
あかあかと世界をくまなく照らす。

法華経如来寿量品偈（自我偈）
「私が目ざめてからこのかた」

私のいのちを無限にたもつ。
長い間修行してこんな力を身につけた。
きみたちよ。
みきわめる力があるものは疑うな。
疑う心を断ち切って二度と持つな。
〈目ざめた人〉のことばは真実だ。嘘ではない。
それはあの医者、心の混乱した子らを治すために
実は生きているのに父は死んだと言ったあの医者の話が
嘘ではなく、子を助けるための手段だと説くのと同じなのだ。
私もまた
世の父として、人々を苦しみや患いから救う。
心あるもの生きるものよ。
悩み、苦しみ、さ迷うものよ。
私は、実は生きているのに死んだと言った。
私がそばにいると
心がおごり、放逸になり
五つの欲におぼれ、悪い道のまっただ中に堕ちてゆくからだ。

私はつねに
心あるもの生きるもの
それぞれの生き方を知り
それに合わせて
それぞれの法を説くのである。
私はつねに
私自身に問いかけている。
どうやったら
心あるものたち生きるものたちを
このすぐれた道に招き入れ
永遠の真理をわかちあうことができるのか。

名前

ご存じと思うが、わたしの名前は比呂美。しかしここカリフォルニアで、ひそかに使っている英語ネームがある。「サンディ」という。

わたしはズンバをやっている。そこでだいぶ友だちができた。ズンバとは、中年女に大人気の、腰を回して踊りくるうエクササイズだが、これについてはいろんなところに書いたから、今はいい。書きたいのは名前のことだ。

わたしの好きなズンバの先生は、ある曲になると「さあみんな、踊りながら歩き回って自己紹介しあって」と指示を出す。昔なら、げっと思ってたちまちズンバをやめていただろうが、年を取ってほんとによかった、この頃はそれが平気だ。そればかりか、どうせいっしょにやってる仲間なんだから、たいした会話はしなくても、名前を知り合うだけでもいいもんだと思う。なにしろ「はい、わたしは何々」「はい、わたしは何々」と言い合ってまた次に行くだけだから、使える時間はほんの数秒。そのとき、わたしはサンディと名乗る。「ひろみ」とのっぺり日本語風に言ったって伝わらない。英語風に「ヒローミ」とか、つづめて「ヒロ」「ロミ」とすればいいんだろうが、妥協したくない。それだって伝わりにくいのはかわらない。それで、極端から極端に走るわたしは本名を捨てた。

うちの長女はカノコという。日本語を知らない人々に、コノカ、コノケ、カネカ、カニコ、といろいろに呼ばれ、初めのうちは、ちがうーと怒っていたが、そのうち慣れちゃって、何と呼ばれても返事するようになった。さすが、わが娘、いい加減の極みである。

二十年ほど昔になる。娘の学校の保護者名簿に「サンディ」と書かれた。間違いなのだが、めんどくさくて放ったらかしているうちに、人がわたしをサンディと呼ぶようになった。最初は直していた、「違います、わたしの名前はひろみ」と。でもなにしろあの娘の母なので、だんだん慣れちゃって、それで返事するようになった。そのうち、積極的に使うようになった。たとえば、スタバ。

カリフォルニアのスタバでは、飲み物を注文すると名を訊かれる。できあがると名を呼ばれて受け取りに行く。やりとりをかんたんに済ますためには、ひろみよりはサンディに利がある。

英語の名前をつけるというのは、日本人はしない。韓国人もあまりしない。中国人はよくする。中国生まれのアニーと親しくなって、アニー、サンディと呼び合っていたが、やがて漢字の名前を教え合ったとき、「おたがいに異国でがんばって生きてきたね」、そんな気持ちが以心伝心、なんだかとてもうれしかった。

ちょっと前、日本の若い人がこぞって茶髪にしていたが、あのときわたしは、自分は染めなかったけれども、共感していた。生きてるのが重苦しいのだ、せめて黒い頭を明るくすれば、存在が軽くなるのだな、と。英語ネームもそんなようなものだ。

わたしはここ二十年、カリフォルニアで苦労して生きてきた。子どもも育てた。ケンカもいっぱいした（夫と）。いまや、英語はぺらぺらである。でも家の外に出ると、なかなかうまくしゃべれなかった。自分が出せなかったといっていい。

でも、サンディになってから少し変わった。そんなに深入りするつもりがなかったからサンディと名乗ったのに、しだいに人々の雑談に加わるようになり、そしたら、なんと不思議、ひろみのときよりよくしゃべれるのである。

しかしこの間から、どうも本名は違うらしいと、ズンバのクラスで、人々が気づき始めたのである。サンディは、呼びかけても答えないことが多い。サンディは、自分のサインもよく書き間違える。サンディのＳＮＳの名前はサンディじゃない。本当は「ひろみ」じゃないか。

で、誰かが「ひろみ」と呼ぼうと言い出した。「美しい名前じゃないの、何で別の名前を持たなくちゃいけないの」と。

ありがたいことだ。アメリカの良心である。しかしこうなると、便利だから、しゃべりやすいからと言っても、聞く耳を持たない。みんなが努力してくれて、「ひろみ」が浸透し始めた。

ところが。

「ひろみ」。そう呼ばれたときの、快感たるやないのである。

名前ひとつに、わたしは、全身全霊で、おお自分だ、自分だ、と反応しているのである。

一《いっ》切《さい》精《しょう》霊《れい》偈《げ》
「一切のたましいは」

一《いっ》切《さい》精《しょう》霊《れい》生《しょう》極《ごく》楽《らく》　上《じょう》品《ぼん》蓮《れん》台《だい》成《じょう》正《しょう》覚《がく》
菩《ぼ》提《だい》行《ぎょう》願《がん》不《ふ》退《たい》転《てん》　引《いん》導《どう》三《さん》有《ぬ》及《ぎゅう》法《ほう》界《かい》

一切のたましいは極楽にいく
はすの花がみごとにひらく
そこでたましいが目ざめる
めざめようとねがい
めざめようとつくし
後戻りすることなく
みちびいていくのだ
この世界ぜんぶを

この宇宙ぜんぶを

一切精霊偈とは

回向とは、たとえばおつとめの集会で、お経を読んだり念仏したりして、善い因をつくる。そこから得られる、善い結果、善い可能性を、浄土に生まれたいという願いをかなえるために回し向けよう（動かして、その方向に回し向けよう）というのが回向《えこう》。

「本誓偈《ほんぜいげ》」は、自分が極楽浄土に生まれ変わることを願う回向文《もん》。「聞名得益偈《もんみょうとくやくげ》」は、先頃亡くなったお父さんとか、叔母さんとか、いや母でも祖母でもいいのですが、だれか特定の死者が、極楽浄土に生まれ変わることを願う回向文。そして「一切精霊偈」は、すべての死者のたましいが極楽浄土に生まれ変わることを願う回向文ということです。

7度21分40秒

この頃、夜明け前に目が覚める。五時半すぎると、空の色が変わる。あたりが見えるくらいに明るくなるのを待って、犬を連れて公園に行く。公園について歩き出すのが、六時少し前。日本の高齢者がみんなやってるというラジオ体操より早い時間だ。

公園は五時から開いている。広びろとした芝生のある公園で、昼間は犬もいる、人もいる。子どもも大人も、ボールを追いかけて遊んでいる。しかしこう早くては、だれもいない。

芝は濡れている。あちこちでスプリンクラーが作動する。わたしたちはリードなしではっつき歩く。ときどきよその犬連れに出会う。向こうもリードなしで走り回っている。うちの犬が遊びたそうに近寄っていって、ニオイを嗅ぎ合い、少しぶつかり合って、また戻ってくる。うちの犬が向こうの犬の周囲をくるくる回って、遊べ遊べと吠えることもある。向こうの飼い主にいやがられるから、そうそうに呼び戻す。

日没を見ているというのはもう話した。この頃はこの早起きで、日の出を見る。そして見ているうちに、「夜明け」について考えるようになった。

毎日チェックしているカリフォルニアのお天気サイトには、日の出・日の入りの時刻も、月の満ち欠けも、夜明け・日暮れの時刻も、書いてある。毎日の夜明けは、その日の日の出より、二十五〜七分前の時刻である。そしてその頃まさに、わたしは、ああ明るくなってきたと感じている。

今までわたしは、夜明けというのは漠然とした時間のことだと思っていた。何時何分と時刻で表現されるものだとは知らなかった。それを調べてみて、わかったのが、こういうことだ。

「夜明け」とは、太陽の中心が地平線に、7度21分40秒の角度をつくる時刻である。それから日が出るまで、夜でもない、昼でもない、ふしぎな色の世界が、明るさを増し、刻々変わりながら続いていく。

「日暮れ」もまたそのとおり。日の入りの後、二十五〜七分経って、太陽の角度が、7度21分40秒になるときが、そのときだ。

この時間を薄明と呼ぶ。かはたれとも呼ぶ。薄暗くてよく見えないが人がいる、彼は誰？　という時間だから、と高校の古文で教わったときに、そのことばは、高校生だった心に沁み込んだ。日の沈んだ後もしばらくの間、同じような薄明があり、やっぱりよく見えないから、誰そ彼？　たそがれと言う。

7度21分40秒。これはどんな角度か。

相手は地球や太陽である、大きすぎて実感できない。分や秒が時計以外に使われることだって知らなかった。昔習ったとしても、情けなや、忘れこけていた。7度21分40秒。こうしてあらためて見直すと、とても大切な、なつかしい数字に思えてならない。

日が昇る。

カリフォルニアは、太平洋が西にあり、山や人家が東にある。

正式な日の出の時刻から数分経って、山や人家の上から、日の光が見えてくる。それからカラスが出てくる。出てきて群れる。それを犬が追いかける。黒い点々の見えるかぎり、野っ原をどこまでも追いかけていく。カラスにしてみれば、さて一日を始めようというときに、こうして追い回されていい迷惑だが、犬ふぜいにつかまるわけもない。ああ、ああ、と余裕で嘲笑《あざわら》いながら飛んでいく。犬は、少し前までは呼んでも来なかったのに、今や訓練のたまもので、飛んでいくカラスを惜しそうに眺めながら、そのまま大きな円を描くようにして、わたしのもとへ、一気に走り戻ってくる。すっかり夜は明け放たれて、まごうことなき朝である。

日没

わたしは日没を見るのが好きだ。そう思っていたが、そんなことない、この頃ずっと見てないということに、昨日久しぶりに日没を見に行って気がついた。

日没の時刻は日々変わる。一日に一分、ないしは二日に一分ずつ変わる。ほんとはきちんと一分ずつ変わりたいのだが、なかなか変われない事情があるとでも言いたそうに、ためらいながら変わっていく。ただ夏至の前後は、日没の時刻がずっと変わらない。何日間も八時二分がつづいたが、ある日、八時一分になった（このあたりは日本より日没が遅い）。この日没は、やっと日没の時刻が変わったと思って、見に行った日没だった。

なんでこんなに長い間、日没を見ないで暮らしてこられたんだろう。

以前は、日没を見ないではいられなかった。夕方になるとそわそわして外に出ていくので、日没教の礼拝かと家族から笑われたものだ。三年くらい前の話で、家族とは夫である。三十近く年上の男で、去年の春に死んだ。

その四年前には父が死んだ。どっちも、わたしにとって大切な男が死んでいくのを、見つめて伴走するという経験だった。

夕方の主婦は忙しいのだ。ごはんを作らねばならず、犬の散歩はしなければならない。その頃夫はもうかなり弱っていて、何にもできなくなっていたから、気持ち的にはよけい忙しかった。その隙をぬって、何がなんでも外に出て、海に日の沈むところを眺めた。

今なら、そんな息のつまるような介護の日々からちょっとでも抜け出したかったんだろうと思えるけど、あの頃は、ただ日没が見たいだけだと思っていた。

惹かれたのは、日の沈む瞬間だ。太陽が水平線に近づいていく。まぶしかった光が鈍くなる。太陽の下の端が水平線に触れる。するとそこが一瞬にじむのだ。にじんだところから太陽全体がゆらゆらふくれ上がる。ふくれ上がったまま少しずつ沈んでいく。あと一息というときに、今度は上の端が水平線にひっかかって沈まなくなる。でもやがて、ただ一本の赤い光の線になる。そして何かにひっぱられるように、赤い線が消えてなくなる。

父の死んだときもこんなふうだった。目を閉じて息をする父をみつめていたら、息を一回して、二回して、でも三回目がこなかった。

日没を見ながら、父もこんなふうに何かにひっぱられて向こう側に行った、それが死ぬということだったと毎日考えた。

そんな日没が毎日。でも一日として同じ日没はないのである。

そのときの雲にもよるが、沈んでから後、空の色や雲の色がぐんぐん変化することがある。こんな写真を撮った。太陽が沈んだあとの十分間。すさまじい移り変わりだった。

刻々と移り変わる空の色や海の色が染み出して、色の海や色の空になって、その中に自分が呑みこまれていくようだった。

夫が死んだのが去年の四月、三月くらいまではさかんに日没を見て、撮ってＳＮＳに載せていた。夫のこともよく知っている古い友人に夫の死を知らせたとき、「この頃ＳＮＳで日没ばっかりだから、ああ、比呂美さんは死について考えているんだな、ご主人があぶないのかなと思っていた」というメールが来た。

自分ではちっともそんなつもりはなかったのだが、なるほど、そうだったのかもしれない。介護からの息抜きというより、来るべき死をみつめていたのかもしれない。そしてそれを見ちゃった今は、もう見る必要のなくなった日没だったのである。

朝の月と満月

ある朝、早起きして散歩に出たら、西の空の低いところにぽっかりと白い満月が浮かんでいて、しまったと思ったのだ。スマホを忘れた。スマホについているカメラで写真を撮るのを忘れた。といいつつも、実はしかたがないと思っている。

月は、うまく撮れたためしがない。

月を撮りたくなるのは、たとえばその朝のように、白い月が幽霊みたいに空に浮かんでいるとき。満月が東の地平線からはみ出してくるとき。しだいしだいに全体をあらわし、天体というよりは生き物じみて、異様な色に、異様な大きさの丸になったとき。

うわあ（と実際声に出してつぶやいて）、すごい、あんなに大きい、と感動して撮るのだが、撮れた写真を見れば、月が、わたしの見たままに大きく写ってない。見たものはあんなすごいのに、撮れるのは、いつもただの月だ。大きかったのは目の錯覚だとでもいうのか。主観をもたない機械を哀れに思うのは、そのときだ。

西の空にはみるみるうちに雲が広がり、白い月はかき消えた。

満月に見えたが、満月じゃないのを知っている。満月はまさにその日で、月の出を見るぞ見るぞと楽しみにしていたからだ。

それは十四日めの月で、待宵《まつよい》の月とも幾望《きぼう》の月とも呼ばれるやつだった。満月の次の月は、十六夜《いざよい》の月、既望《きぼう》の月。

月齢に合わせてこんなに呼び名がある。歳時記や辞書で読んで知ってはいたが、だれかと、たとえば家族や恋人と、ほらあれが待宵の月、既望の月などと話し合ったことはないし、詩に書いたこともない。俳人ならまだしも機会があるだろうが、俳句は書かないから、ほんとに機会がない。

何時何分という正確な時間を調べてみた。

その日わたしが歩き始めた頃、午前五時十二分に夜明けが始まり、あたりがほんのりと明るくなり、わたしは西の空の白い月を見た。五時五十一分に日が出て、五時五十六分に月が沈んだ（沈んだところは見えなかった）。その日はいちにち何事もなく過ぎて、午後六時三十一分に日が沈み、あたりがすっかり暗くなったのが七時すぎ。だいぶ待って、待って、待って、午後七時三十九分に、満月が出たのだった。

散歩するところは、いちおう公園だが、自然を保護するための公園で、自生植物がいちめんに生えている。ヤマヨモギや野生のセージの藪が多いが、どれも今の時期にはすっかり乾いて殺伐とした印象。だから公園というより荒れ地に見える。たまによその犬連れや野宿するホームレスの人たちに出会うくらいで、人けがない。

闇が濃くなって歩きつづけるのが薄気味悪くなった頃、犬とわたしは東の空のよく見える高台に移動して、そこに座って月の出を待った。

こうやって何度、この荒れ地で、犬と並んで満月を見てきたことか。まっ赤な満月もあれば、信じられないくらい巨大な満月もあった。たいしたことのない満月もあった。でもどんな月が出るにしても、満月の晩には満月を待たずにいられない。闇の中で待ちながら、あまり待ち遠しくて、もう少しだよ、もう少しで出てくるよと、犬にささやかずにはいられない。そして狼男ならともかくも、うちの犬はただの犬で、いくら熱心にわたしがささやこうと、満月にはとんと無関心で、ただそっぽを向いてわたしが立ち上がるのを待っているのである。

発願文《ほつがんもん》「ねがっています」

願《ねが》わくは弟子《でし》等《とう》、命終《みょうじゅう》の時《とき》にのぞんで、こころ顚倒《てんどう》せず、こころ錯乱《しゃくらん》せず、こころ失念《しつねん》せず。身心《しんじん》にもろもろの苦痛《くつう》なく、身心快楽《しんじんけらく》にして、禅定《ぜんじょう》に入《い》るが如《ごと》く、聖衆現前《しょうじゅげんぜん》したまい、仏《ほとけ》の本願《ほんがん》に乗《じょう》じて、阿弥陀仏国《あみだぶっこく》に上品往生《じょうぼんおうじょう》せしめたまえ。彼《か》の国《くに》にいたりおわって、六神通《ろくじんずう》をえて、十方界《じっぽうかい》に入《かえ》って苦《く》の衆生《しゅじょう》を救摂《くしょう》せん。虚空法界尽《こくうほうかいつ》きんや、我《わ》が願《がん》も亦《また》かくの如《ごと》くならん。発願《ほつがん》しおわんぬ。至心《ししん》に阿弥陀仏《あみだぶつ》に帰命《きみょう》したてまつる。

わたくしは願っています

命の終わるときには
心あわてず
心さわがず

発願文
「ねがっています」

心うしなわず
いたみくるしみもなく
ゆったりとここちよく
なやみわずらいは身からはなれ
しんとしずまる心をもてば
目にうかぶのは
みちびいてくださる
おひじりさまや
ぼさつさま
〈むげんのひかり〉さまの
お救いくださるみこころに
この身をゆだねます
どうかわたくしを
〈むげんのひかり〉さまのみ国へ
生まれさせてください
み国へついたなら
自由な力を得て

元の世界にたちもどり
こんどはわたくしが
苦しむ人々を
たすけます
虚空のように
果てのないこの世界
わたくしもまた
いつまでも
どこまでも
願いつづけてゆくのです

身も心もなげだして
〈むげんのひかり〉さまに
おすがりいたします

発願文とは

中国で浄土教を確立させた善導（613～681）の『往生礼讃』にはいっている偈文です。前半では臨終のとき必ず往生（つまり、浄土に生まれ変わる）できますようにという願いを、後半では浄土に往生した姿が描かれてある。

「発願文」に出会ったのは、母が病院で寝たきり、父は独居していた頃です。二人とも死に直面しているのに、なかなかそれを直視せず、したくもなく、死に方も知らず、覚悟もできず、ただ待っているだけという感じで、ぽかりと浮いたみたいに生きていた。見ていて居たたまれず、何かないかと探しているうちにふと出会いました。『往生礼讃』には「日没無常偈《にちもつむじょうげ》」という偈文もありまして、これが心に、しみる、しみる。もしかしたら「発願文」よりしみる。『読み解き「般若心経」』で、こんなふうに訳し出しました。

これを聴け。
日没の無常の偈だ。
人はあくせくと日々をいとなみ
いつか来る死について考えない。
風に揺れるともしびのように
はかない命である。
死に変わり生き変わりつながっていく縁である。
まださとらないのか。

苦しみから逃れられないのか。
どうしてそんなに安穏としていられるか。
おそれはないのか。
これを聴け。
強くて健康で気力のみなぎるいまのうちに
死について考えておけ。

実は「発願文」、『読み解き「般若心経」』でも訳しました。あのときは、いくらなんでも仏さまが目の前に現れてくるのは非現実的だと思ったので「仏さまを目の前に見ているような心持ちで／仏さまが迎えにきてくれたような心持ちで」と訳したんですけれど、あれから何年も経ち、何人もの死を見届けたら（そのだれも仏教徒ではなかったんですが）、それじゃだめだった。気のせいや思い込みじゃなく、仏さまや菩薩さまが目の前にほんとに現れてくださるからこそ浄土に行けるというのが、「発願文」の意味なんだと思いました。不信心者として信心について考えながら、背筋がぴしと伸びた気がします。

お盆を思う

お盆休みを利用して、夫の知人がわざわざ日本から悼みに来てくれた。初盆だからと、菊花型の落雁を持ってきてくれた。

うちは、居間に夫の骨壺が置いてあるきりである。落雁は骨壺の前に置いた。そしたらその知人が骨壺に向かって、手を合わせて拝んだ。箸でもあれば、そこらのものをちーんと叩かんばかりだった。あんまり手持ち無沙汰の殺風景な様子だったから、以前日本の友人からもらったお線香を取り出して、火をつけた。すると突然あたりにお盆の匂いがしたのである。

前の結婚で日本の「嫁」だったとき、お盆が煩わしくてたまらなかった。婚家は墓参りを小まめにする家で（実家はぜんぜんしない家で）、毎年その時期になると子どもを連れて汗まみれで帰省して、義理の家族の父や母や叔父さんや叔母さんが寄り集い、蚊に刺されながら墓参りした。きゅうりの馬になすの牛。迎え火も焚いた。仏様用の小さなお膳も作った。

あの頃は若かった。死がリアルじゃなかった。今はリアルだ。みんな死んだ。そしてここには、はからずも外から持ち込まれたお盆に、すなおに死者を懐かしむ、若くないわたしがいる。

迎え火を焚いて死者が戻ってくるというなら、どんなにいいだろう。父にも会いたい。母にも会いたい。ケンカばかりしていた夫にだってすごく会いたい。ふと戸口に帰ってきてくれたら、どんなにうれしいか。

夫はがんこな無宗教者だった。西洋人の無宗教者は、日本文化のてきとうな無宗教者とはぜんぜん違う。根っから宗教を否定する。自分の判断だけが頼りである。だから生きてるときも、死んでからも、一切の宗教的な儀式や習わしから遠かった。

わたしだってそうだ。お経の現代語訳こそやっているけど、実は自分だけが頼りである。でも夫と違って日本で育ったから、自然に向かって、自分は小さい、自然は大きいとおそれることなら身にしみついている。そしてそこから、万事は移り変わる、常なるものは何もないという仏教的なところにも、たやすく行き着ける。

仏教に興味を持って、読めば読むほど、知れば知るほど、日本のお墓やお葬式の儀式や習わしも、お釈迦さまの意図したところではないと思うようになった。ちゃんと仏道をめざすなら、家族もお金も関係も何もかも捨てて、渡し守か何かにならなくちゃいけない。生き死によりもっと遠くの何かを見つめていくのである。

でも、こうやって近しい人たちを失ってみるとわかった。悲しみがある。何をどうしたって悲しみがあるんだから、自分だけを頼りにしてないで、世の習わしに身をゆだね、ご愁傷さまですと言われ、何度も言われ、頭を下げ、何度も下げて、それから初七日、二七日《ふたなぬか》、四九日と、みんながすることを同じようにすれば（ああ、みんなと同じことをするのがいやで、日本文化を飛び出したのだが）、悲しみがもっと楽に薄れていくんじゃないか。

　お盆もそのとおり、墓を洗って花を供え、お菓子を供え、死者を迎えて、また送り出す。死んだ人を懐かしむ。こうしてみると、なんて優しい習わしだったことか。義理の父も、義理の母も、叔父叔母も、とっくに故人になっている。どこかで、だれかが、お盆のたびに、帰ってくる彼らの魂を迎えているだろう。

摂益文《しょうやくもん》「み名をよぶ」

光《こう》明《みょう》遍《へん》照《じょう》　十《じっ》方《ぽう》世《せ》界《かい》　念《ねん》仏《ぶっ》衆《しゅ》生《じょう》　摂《せっ》取《しゅ》不《ふ》捨《しゃー》

みひかりは
あまねく照らす
み名をよぶ
くるしむ子らを
いだきたもう
捨つることなく

摂益文とは

「浄土三部経」の一つ、「観無量寿経《かんむりょうじゅきょう》」からの一節。「観無量寿経」では「おもいえがく（観）」ということをくり返し説いています。日没をおもいえがく。水をおもいえがく。極楽のいろんな場面をおもいえがく。でもメインは、阿弥陀の姿をおもいえがく。そのありとあらゆる身体の部位について、細かくリアルにおもいえがく。そしてこの短い偈文が取られたのは、阿弥陀の光明をおもいえがく（観）ところ。

阿弥陀にはいろんな名前があって、ここで呼ばれている無量寿もその一つ。直訳すると〈むげんのひかり〉というより〈むげんのいのち〉となります。

瓦礫のお城とただの草

わたしはカリフォルニアに住んで、ときどき日本に帰る。熊本には家がまだ残してある。ふだん人が住んでいないから、たまに帰ってドアを開けると、静まり返った家が黴《かび》臭い。家の前には河原の風景が広がっている。昔はよくあふれた川だったから、三十年くらい前に遊水地が作られて、土手と川の間が人工の原っぱになった。大雨のときはそこに水が放される。川はお城の周りをめぐってお堀になる。

南の方角に、お城が見える。

二〇一六年の四月、熊本の地震があった。山も崩れた。橋も落ちた。お城も壊れて、市内は瓦礫だらけになった。

そのときわたしは熊本にいなかった。カリフォルニアにいて、死んでいく夫を看取っていた。だから地震の様子はニュースで見た。知っている場所があちこちで崩れ、壊れて、ひしゃげていた。自分だけがのうのうと生き延びて申し訳ないという、生き残る者に特有の気持ちをわたしも味わった。

地震の後、十日ほどで夫が死んだ。翌月、わたしはまだ生々しい熊本に帰った。その後もたびたび帰った。六月になったら、お城が以前と同じようにライトアップされるようになった。傷ついたお城がぼんやり浮かんだ。やがてお城の周囲に足場が組まれ、メッシュの覆いがかけられた。遠目で見ると、お城にぼかしがかかっているみたいに見えた。

八月に、お城の北側の道が開通した。街の北部からまっすぐお城に入って中央に抜ける熊本の人々の生活道路だった。わたしもよく使った。お城の中を通る道はいまだに塞がれている。その道もわたしはよく使った。観光客が道を渡るから、その前で停止して、帽子を被った観光客や旗を振るガイド、門の前の足軽（の恰好をした現代人）なんかをぼんやり見ながら、人通りの途切れるのを辛抱強く待ったものだ。

北側の道を通るようになってやっと、お城をまぢかに見た。道の脇には土嚢《どのう》が並べられ、石や土砂を食い止めていた。土砂の上には雑草がさかんに伸びていた。お城も、石垣も、土塀も、思わず息を呑んだほど、壊れ、ひしゃげて、崩れていたけど、思ったのは、崩れてもお城だなということ。むしろ崩れてるからこそお城で、崩れてこそのお城だなということ。

お城の中はいたるところにクスノキが繁っている。何百年と古い木もある。

明治九年（一八七六年）の神風連の乱。

明治十年（一八七七年）の西南戦争。

お城の天守や本丸が焼き落とされたときにも生き延びてきた木々だ。今度の地震で倒れた木は一本だけ。石垣の中から生えていたから、崩れた石垣もろとも根こそぎになったそうだ。あとの木々は、地震にも揺るがずに、ただ生きている。

地震の翌月に帰った熊本は、クスノキの新緑がすごかった。それはもう、ほんとにすごい緑の色で、すごい緑の量だった。木全体が上にも横にも膨れあがっていくようで、何もかもを呑み込んでいくようで、そのエネルギーといったらなかった。お城だけじゃない、熊本中が、そんなクスノキで、ぱんぱんに張りつめていた。

雑草はあちこちから生えていた。崩れた瓦礫の上にも、石垣の石の隙間からも。ぼうぼうと生えていた。ハルジオンやヒメムカシヨモギくらいは見分けがついたけれども、あとはわからない。草だ。とにかく草だ。普通なら管理者がせっせとこれを取り除くんだろうが、今は、石垣がいつまた崩れるかわからないから取れないそうだ。このまま生えていったら数年後には、お城全体が、眠り姫のお城みたいに、草で覆われてしまうかもしれない。

草は、冬になれば枯れる。枯れて根だけ残る。そしてまた春に生え出す。生命力はすごい。そのくり返す力はすごい。

こう話しているうちに、何について話しているのかわからなくなってきた。地震で崩れたのは、お城か、人か。それでも生き返るのは、人か、草か。

サフラン

宇宙の間で、これまでサフランはサフランの生存をしていた。私は私の生存をしていた。これからも、サフランはサフランの生存をして行くであろう。私は私の生存をして行くであろう。

熊本では昨日（二〇一六年八月三十一日）震度五が、今日（九月一日）震度四があったそうだ。またあちこちで被害が出た。これで四月以来、二千五十回を超える地震が起きたと在熊の友人が知らせてきた。

鷗外の「サフラン」は大正三年（一九一四年）に書かれた。

子どもの頃からの物の名前への興味について。サフランの名前について。花屋で買ったサフランから、ずいぶん遠いところに鷗外の思考と文章は向かっていく。

今私がこの鉢に水を掛けるように、物に手を出せば弥次馬と云う。手を引き込めておれば、独善と云う。残酷と云う。冷澹と云う。それは人の口である。人の口を顧みていると、一本の手の遣所もなくなる。

そしてここから冒頭に示した、あの突き放すような生存についてのことばで終わるのである。これがわたしには、鷗外の宣言文に思えてしかたがない。自分は自分だ、人は人だという。

サフランとクロッカス。

同じ科の同じ属の、顔も形もそっくりな二つの花だが、花期が違う。長くて赤い雌しべの有る無しが違う。サフランの花期は秋の終わりである。鷗外は、花のついたサフランの球根を十二月に買ったのだった。

昔、わたしはワルシャワに住んだことがある。冬は長くて厳しかった。日はおそろしく短かった。朝の暗い中を職場に行き、夕方、暗い中を帰る。社会主義は終わりかけ、物は無く、人々は疲れ果てていた。そんなある日、公園の縁のまだらな雪の中から、茎も葉も何もなしに、いきなりクロッカスが群れて咲き出すのを見た。すごかった。

今、わたしの頭から離れていかないのは、阿蘇大橋をもぎ取って、共々に崩れ落ちていった大地の姿であり、あまりにも無残なその跡である。

大地震から一と月後の五月、わたしは熊本に帰って、瓦礫の積み上がったお城を見た。街を見た。阿蘇にも行った。いたるところの地肌から小さな草芽が生え出していた。
「サフラン」の中にはこんな箇所もある。

　物の生ずる力は驚くべきものである。あらゆる抗抵《ママ》に打ち勝って生じ、伸びる。

早春になると阿蘇の草原のあちこちからフキノトウがふき出るのを、わたしは見たことがある。ハルリンドウが咲き出すのも見たことがある。

犬と怨憎会苦《おんぞうえく》

今、うちには犬が三匹いるが、相互にどうも仲が悪い。

不機嫌な老犬のパピヨンがいて、おそろしく内気な若犬のジャーマン・シェパードがいる。それから天真爛漫な仔犬のパグがいる。

老犬と内気な若犬は、この仔犬がうっとうしくてたまらない。

そもそも二年前にシェパードが、まだ一歳にもならない大きめの仔犬で、保護犬で、かなり心に傷を負ったまま、うちにやって来たとき、老パピヨンは自分のテリトリーを激しく主張して、新参の少年犬と遊びたがらなかった。今はさらに老いた。年を取ると誰でも不機嫌になる。ガンコになる。他人と関わりたがらなくなる。犬も人間も同じだなあと、親の老い、夫の老い、そして代々の犬たちの老いを見ているとしみじみ思う。この老犬も、若い頃は誰とでも遊びたがって、よその犬に出会うとうれしがってぴょんぴょん跳びはねていた時期があったのだ。

パグがうちに来たときは三か月の仔犬で、ぜんまい仕掛けのおもちゃみたいで、せわしなくむだに動くばかりだった。見ていると目がちかちかした。

老犬は、仔犬の動きが、いや仔犬の存在も、低い鼻も、離れた目も、とにかく何もかもが気に入らず、仔犬が近寄ると、眉間にしわを寄せ、怖ろしげに歯をむき出して、ううう、うううと低音でうなりつづける。怨憎会苦に苦しんでいるような顔である。

内気な犬は、ただひたすら関わりたくないという一心で、顔をそむけて逃げまわる。そのようすもまた怨憎会苦。人間だけじゃなく、犬にとっても苦だらけの娑婆なんだなあと思いたくなる。

ところがそこに、もう一匹の犬がいる。

うちの犬ではなく、近所の犬だ。泰然自若とした大きな犬だ。大きいだけに動きものっそりしていて、性格もおっとりしている。それが毎日のようにうちに遊びに来て長居していく（飼い主が連れてきて置いていくのだ、自分で来やしない）。内気な犬もこの犬とはよく遊ぶ。

この大犬が仔犬と遊ぶ。このぜんまい仕掛けのおもちゃみたいなやつとどう遊ぶかというと、自分もぜんまい仕掛けみたいになって、いつもののっそりは忘れて目まぐるしく動きまわり、ぐあぐあ言いながら嚙み合うのである。大犬の口に仔犬の頭がすっぽり入る。そこでガブリとやったら仔犬の最期……と見ているこっちはハラハラするが、嚙みちぎられたことはついぞなく、大犬の口から仔犬の頭がひょっこり出てきて、せわしなく、こんどは大犬の頰の皮に嚙みついてひっぱったりねじったりする。大犬は鷹揚に嚙みつかせながら、自分でも仔犬のおなかをぱくりぱくりと噛むのである。

その遊ぶ様子を内気な犬がじっと見ている。ときどき起ち上がって、大犬に噛みついたりじゃれたりして遊びに誘うが、大犬は仔犬と遊ぶのに忙しく、内気な犬の方を向いてくれない。人間なら嫉妬に狂うところだが、内気な犬はあっさりとあきらめて、向こうに座りにいくのである。

ずっとこんなふうだった。内気な犬。不機嫌な老犬。ぜんまい仕掛けの仔犬。そして遊びに来る大犬。

そんなやつらを残して、わたしは日本に行き、ほぼ三週間留守にして、帰ってきた。そしたら、内気な犬が仔犬と遊ぶようになっていた。

老犬は相変わらず不機嫌である。仔犬も少し大きくなっただけで、相変わらずせわしない。大犬も相変わらず遊びに来る。でも内気な犬は、ずいぶん変わった。この三週間、何が起こったか。

何もなかった、ただいつもの犬の日常があった。

家にいて、犬たちを見ていた娘は、そう言うのである。でも今は、内気な犬が仔犬といっしょに、ちっとも内気でないように庭に走り出ていって、いっしょに戻ってきたりする。犬用になり果てて汚れきった居間のカウチに、ぴったりくっついて座っていることもある。

怨憎会苦も愛別離苦《あいべつりく》もなんにもなくて、ただ穏やかに、昔からこうでしたよというふうに座っている。何があったか、犬でなきゃわからないし、聞いたって答えてくれない。

怨憎会苦とは

人の苦しみを四苦八苦と申します。生老病死の四苦に、愛別離苦（あいするものとはなれる苦）、怨《おん》憎会苦《ぞうえく》（にくむものと出会う苦）、求不得苦《ぐふとっく》（もとめるものが得られない苦）、五蘊盛苦《ごうんじょうく》（心身がさかんにうごいて、そこから得るものに執着する苦）の四苦を足して、四苦八苦。

昔、寝たきりでボケてきた頃の母に、そう話しましたら、あんたお坊さんみたいだねえと感心されたことがありました。なに耳学問というやつでありますが、これは人の苦をほんとによく分析していると思います。人生相談の悩みなんて、ほとんどこの八つの苦で説明できます。

料理しなくなって

夫が死んだ。それでわたしは料理をやめた。

三十数年前に、男と（別の男だった）家庭を作って以来、料理しつづけてきた。料理して人に食べさせるということが自分の本質だと思いこんできた。

このたび、それをやめた。そしたら、なんと、なんと、自由なことか。そして、なんと、なんと、不自由なことか。

昔、まだ母や父が、老いてはいても老い果ててはいなかった頃、わたしがカリフォルニアから熊本に帰るたびに、落語の「藪入り」みたいにわたしの好物を作って並べていた母が、少しずつ料理をしなくなった。

それでわたしが「ごはんだけ炊いといてくれれば、空港で何か買って帰るから」と言うようになり、佃煮や漬物やくさやの干物（瓶入りの臭くないのが羽田空港で売っている）などを買って帰るようになった。

そのうち、「炊いといたわよ」というごはんが固すぎたり冷めていたりするようになった。徐々に来た変化だから、受け入れた。認知症が始まったのかもしれないと冷静に観察していただけだ。

その頃は、母の冷蔵庫を開けると、しょうゆのボトルとマーガリンの箱ばかりずらりと並んでいた。あとは卵とチルドの餃子くらいしか入ってなかった。母の作る目玉焼きも餃子もいつもまっ黒焦げで、「それを言うと、気に入らないなら食べなくていいわよ、とすごい剣幕で怒るからいやになっちゃうよ」と父がわたしにこぼした。

その父が栄養失調と診断されて、それでヘルパーさんが入るようになった。二人ともやせてはいなかったから、栄養が摂れていなかっただけで、食べてはいたんだと思う。

それからまもなく母は四肢が麻痺して入院して寝たきりになった。実生活でできなくなっていたことは、寝たきりの生活でしなくて済むようになったから、認知症のことは気にならなくなった。なんだかぽわあと浮世離れしていったが、寝たきりで刺激もないだろうから、しかたがないと思えた。

母はそれから五年近く生きて死んだ。ああやって急速に料理から引き離されていった母のことを、今、わたしは考える。今のわたしもまた、あの頃の母と同じく、料理しない。ああ不味《まず》いなあと常に思いながら、買ってきた食材を食べられるように変えて（料理というほどのことはせずに）食べるだけだ。ちっともやせないから、何かしら食べてはいるのである。

この殺伐とした、料理のない生活の中でときどき食べたいなあと思うのは、夫のためによく作ったスープの数々。

夫はスープが好きだった。大麦ときのこのスープ。トマトと米のスープ。ローストしたチリで赤く辛くした野菜のスープ。酢キャベツのスープは仕上げにサワークリームを入れる。今はどれも作る気になれない。でも食べたいのだ。夫と食べた、夫が好きだったあのスープのあれやこれやが、ひどく懐かしく、食べたくてたまらないのだ。

春の小川

わたしは石牟礼道子さんが亡くなった後に熊本に帰ってきた。亡くなったのが二〇一八年の二月で、わたしの帰ったのが三月だ。犬を連れて帰ってきたから、カリフォルニアでそうしていたように、毎日、何回も犬を連れて外に出て歩きまわる。そして植物を見る。鳥を見る。

カリフォルニアでは動物もたくさんいたから、それも見ていたが、ここにはあまり野生動物がいない。昔はタヌキもいたが、この頃は見ない。ウサギはいない。イタチは見る。見るたびに犬が血相を変えて追いかける。いたちおいしかの山だなあと思いながら、それを見ている。

川べりには釣りをしている古老がいる。何が釣れますかと問うたら、ハヤだと答えた。そしてちょうど引き上げた釣り糸でぴちぴちと躍る小魚を見せてくれた。小ばやつりしかの川だなあと思いながら、それを見ている。

私の家は坪井川の川べりにあるから、毎日、河原を歩くのである。歩きながら、毎日考えていることがある。

十数年も昔になる。熊本文学隊、われわれの小さいグループができたばっかりの頃だった。石牟礼さんに名誉隊長就任をお願いしたら、「まあ、いさましいですね」と楽しそうに笑いながら、「いいですよ」と引き受けてくださった。

名誉隊長だから名前をお借りしただけ……と思ったが、思い出してみればそんなことはない。充分世話になっている。名誉隊長のお描きになった絵をタダでいただいて絵はがきを作り、それを売って活動資金を稼いだりもしたのだった。

あるとき、名誉隊長の携帯からわたしの携帯に直々のお電話があった。

携帯が鳴って「いしむれさん」と表示され、おおっと思いながら出ると、石牟礼さんがあの声で、あの声と言ってわかる人が熊本にはある程度の数いるのである。あの声で、「あの」と少し言いよどみ、「熊本文学隊に、ぜひやっていただきたいことがございます」とおっしゃったのである。

隊長であるわたしは襟を正し、なんでしょう、なんでもうかがいます、と名誉隊長に問うた。

「春の小川です」

春の小川ですか、とわたしはさらに襟をぴんと伸ばし、耳を澄ませた。

「わたしの子どもの頃は、川といったら、草ぼうぼうで、いろんな生き物がうごめいていて、そんな中で遊んでそだったものですよ。でも、この頃、川がみんなコンクリで固められていますでしょう。とても悲しい。あれを春の小川に戻せないものでしょうか」名誉隊長のことばを、悲しみを、期待を、しっかり受け止めて、わたしはそれを隊員たちに相談したのである。

するとなんと白川の川沿いに住む隊員がいて、「川沿いに何十年もあったサクラの木が、治水のための改装工事かなんだか知らないが、とにかく生きているサクラの木が、市の方針でばっさばっさと伐られてしまった。反対したけどだめだった。いったん決まってしまったものを覆すのはとても難しいんです。ましてやそこにあるコンクリをはがすなんてとてもとても」と言いながら、いろいろと調べてくれて、そして「やはり大変むずかしい、というか不可能だ。わたしたちがどんなにかけあっても、どうにかなるものではない」。そういう結論が出た。それで、わたしはそれを石牟礼さんに伝えたのだった。何もできなかった。悲しかった。

ところが石牟礼さんのいない熊本に帰ってきてみたら、坪井川の岸べは、もちろんコンクリで固められていた。でも、その強固なコンクリの隙間から、雑草がどんどんどんどん生えだしていたのである。

季節がめぐり、花が咲く。白い花も、黄色い花も、紫色の花も。アシもある。ガマもある。帰化植物も旺盛に伸びる。帰った三月にはまだ枯れ草の色が勝っていたが、盛夏の頃にはもうすっかり草で覆われている。草の下ではじっとり汗をかいているんじゃないかと思えるほどである。ツバメが何万羽とあつまって飛び交う。ムクドリが数十羽の群れで飛んでいく。川ではハヤがしきりに跳ねる。黄金色のイタチが土手の草むらをうねりながら走っていく。

この辺は遊水地計画といって、三十年位前にだいぶ開発された。ゲートボール場やテニスコートを作るということで、そこにあった沼や木々がぜんぶひっくり返され、除去された。そもそもその頃、遊水地計画の工事の始まる直前、一九八九年にフラワーフェスティバルというのが催され、園芸種の花々が植えられた。人は四十数万人が訪れたそうだ。

そりゃ花はきれいでありますよ。わたしも大好きなんでありますが、それはそれ、これはこれ。園芸種をへたに植えたら、どんどん外に逃げ出して繁茂し、在来種を滅ぼしていく。今でもときどき、園芸種の花がぱっと鮮やかな色で草むらの中に咲いているのをみかける。さいわいにして多くはない。あれはそのときの名残だと思う。

遊水地計画は、治水のための基礎の工事をし、コンクリで固め、つまらないデザインの水門をいくつか作り、その水門のデザインにわたしが落胆して、これからどんな悪夢がと思っていたところ、頓挫した。どうもお金がなくなったらしい。そして放ったらかされたまま、三十年が経ったのである。

その三十年の間に、どこからか飛んできたか、あるいは鳥がくわえて落としたか、あるいは鳥のフンの中に混ざっていたか、センダンの種が根づいて芽吹き、伸びて広がり、大木になって森を作った。五月の花の頃には、河原じゅうがセンダンの香りで満ち満ちる。遊水地全体で〇・五平方キロメートル。つまりほぼ十五万坪。センダンの森があるのはその一角だけだが、それでも数万坪はあるだろう。そこがいちめん、センダンの香りで満ち満ちる。今まで、こんな場所があるなんて想像もしなかった。それが住む家のすぐ目の前にあるのである。

そしてそこにキジが繁殖する。野イバラが咲き乱れる。野イチゴが生《な》る。食べても食べても食べ切れないほどの野イチゴである。クワの実が生る。野生のクワの実は甘くて渋いが、その渋い実を木から直接採って食う楽しみはまた格別だ。

マムシもいる。ある夏の日にわたしは一匹のマムシを見た。動物は、やたらなことさえしなければ逃げていく。その小さなマムシも、犬とわたしを見て、ぎょっとして、体をくねらせながら逃げていった。

人もいる。いろんな人に出会う。藪に入って野イチゴをひたすら食っていたり、犬を連れてひたすら走っていたり、這いつくばって野花の写真を撮っていたり。ふと目が合えば、あいさつして話し始めることもある。親しくなって、手を振り、声を掛け合う相手もいる。

盛夏の頃にはツバメのねぐら入りという現象がある。これもまた今まで想像もしたことのない光景だった。

夕暮れどき、ツバメが何万羽も芦原の上に集まって、さかんに空中を旋回しながら、しだいに芦原の中に、眠るために降りていくのだった。群れが空中を旋回するようすは、高速で動く雲のようだったし、個々に降りていくようすはまるで天から鳥が降ってくるようだった。

わたしはこの光景のものすごさに興奮して、暑さなんかなんのその、毎日毎日その時間にそこに行き、写真を撮って、全国の友人たちに送りつけた。今年の夏は必ず熊本に行くから泊めてくれと友人たちに言われているので、その前に、地震で壊れたままのエアコンを直さなければいけないなと考えている。

ツバメのねぐら入りを見ていたら、野鳥にくわしい人々と知り合った。そしていろんなことを教えてもらった。ツバメのことも、他の鳥のことも。

あるときその中の一人Sさんと並んで、家の方に向かって歩いていた。もうあたりは暗くなり、ツバメたちは寝静まり、空には月と星が出ていた。

あれは土星、あれは金星と、野鳥にくわしいSさんは、星のことにもくわしかった。並んで空を見上げて歩きながら、わたしはふと何かを発見したような気がした。

わたしが生きてここに在るということ。

Sさんという、もう一人の女が、生きてここに在るということ。

この二つが、星や月が在るということにつながり、ツバメにもつながり、木や草にもつながり、縁があって起があって、そうして宇宙全体につながりながら、包みこまれているのを感じたのだった。

実を言えば、わたしは熊本に帰ってくるときに心配だったのである。カリフォルニアというところは、雨が少なくて乾ききっているけれども、その環境に適応した植物や動物がゆたかに生きている。自然は大切に保護される。人は人の分を知り、植物や動物を尊重しようとする。もちろんさんざん殺し尽くした結果、そういう視点に立つことができたわけだが、それでも、今、人は他の生き物と共生しようとしている。それで自然は、保護された中ではあるが、自由自在に、生えて、繁殖して、跳梁跋扈《ばっこ》している。夕方になるとコヨーテがハウルする。もちろんコヨーテがどこそこの猫を食ったとかガラガラヘビが出るから気をつけろとか、そんな話はよく聞くのである。でも（心ある）人はみんな思っている。猫を外に出さなければいいのだ。ガラガラヘビの生き方をじゃましなければいいのだ。コヨーテが近くにすむ暮らしは豊かだ。みんなで地球と暮らしているのだ、と。

そんなところから日本に帰ってきて、いったいどんな寂しい自然の中で暮らすことになるのだろうと思っていたのだが、いい形で裏切られた。

熊本は自然だらけだった。

しかも、ここ坪井川は、よその、切り取られ、刈りそろえられ、整えられたまがい物の自然とは違う。遊水地という人間が作った場所の上に、保護というよりは放ったらかされた自然が、のびのびと、繁茂して、繁殖して、生きているのである。

ここを歩いて、自然の植物や動物たちに、耳を澄まし、目をみはり、ともに生きる喜びを感じ、その存在を、ありがたいと思っている人たちは、みんな古老と呼びたくなる人々で、かれら自身が、子どもの頃から、こういう自然の生き物たちに親しんでそだってきたのだった。そしたら今は、この自然を、次の世代に、子どもたちに、孫たちに、これが宝だ、大切にしようね、と手渡していってやらねばなるまい。

今わたしは、河原を歩きながら、毎日、石牟礼さんのあの指令を思い出し、毎日、心の中で話しかけているのである。——石牟礼さん。

石牟礼さん、今、坪井川は、ほとんど、春の小川になっていますよ。

死んでいく人

人の死ぬのを見てきた。

戦争のなくなった時代に生まれて、のほほんと育って、交通事故も、殺人事件も、火事も地震も、何にもなかった。遠くでベトナム戦争や他の地域のいろんな戦争、紛争、飢餓や革命が起こってるのは知ってたが、他人《ひと》ごとだった。祖父母が死んだときは身近にいたが、孫という立場は当事者ではなし、死んだ姿も覚えてない。生きるもなく死ぬもなく、なまなましい死体だって一つも見ずに暮らしていて、これでいいのだろうかとぼんやり考えていたのが若い頃。世間に立ち向かうとき、そのことで気後れしていたものだが、五十過ぎた頃から、どんどんまわりで人が死ぬのである。母が死んで、父が死んだ。友人が死に、知人が死んだ。会ったことのある人や名前を知ってるだけの人なら、さらに死んだ。仔犬の頃からいっしょに暮らした犬が老いて死んだ。もう一匹老いて死んだ。若かった頃の思いはすっかり忘れて、なんだかわたしは、いつもこんなふうに、人の死ぬのをみつめてきたような気さえした。そして去年は、夫が死んだ。彼は時間をかけて老い果てていき、身体だけ先にずんずん衰えて動けなくなり、後からゆっくり脳が追いついていった。その一生を、形を作り、色を作ることに費やしてきた男だった。死ぬ数分前まで、身体はもうぜんぜん動かなくなっていたが、頭の中では形や色を作り出そうとしていたのである。

今から訳してみるのは、お釈迦さま、釈尊、ブッダ、ゴータマ・シッダールタなどと呼ばれた人が、長い旅の最後にした説法のごくごく終わりの一部分。死ぬ男が、どうやって死に向かうのか。そういう興味で手に取ってみて、惹きつけられた。

テキストの名は「仏遺教経《ぶつゆいきょうぎょう》」。五世紀の初め、鳩摩《くま》羅什《らじゅう》（344～413）によって漢訳がなされた。原典は残っていない。同じシッダールタの死でも、パーリ語経典の「大パリニッバーナ」とは違う。大乗経典にある「大般涅槃経《だいはつねはんぎょう》」とも違う。

仏教学の大家中の大家、中村元《なかむらはじめ》先生は、『ブッダ最後の旅（大パリニッバーナ経）』の解題の中で、大乗の「大般涅槃経」は「あまりにも歴史性から遠ざかっているので、今ここではいちおう問題外」と切り捨てておられる。「仏遺教経」は、それよりももっと歴史性から遠いものなのかもしれない。

禅宗ではたいへん重んじられるお経であり、テキストは馬鳴《めみょう》の「仏所行讃《ぶっしょぎょうさん》」の中の涅《ね》槃《はん》の箇所とだいたい一致するそうだ。馬鳴は漢名で、本名をアシヴァゴーシャ。たぶんこの名前が「馬がいななく」みたいな意味なんじゃないかと思う。インドの仏教詩人だった。一～二世紀の頃に彼がサンスクリットで書いたブッダ伝が、五世紀初めに、インド出身の曇無《どんむ》讖《しん》に漢訳されて「仏所行讃」になったわけだ。

「仏遺教経」の何に惹かれたかというと、漢訳の中の、リズムをうつようにくり返される「汝等比丘」という呼びかけだ。

「なんだち、びく」と日本語では読まれるそれが、短い文章の中に十八回くり返される。

そしてそのたびに、死んでいく老いたブッダが、比丘たちに、ああ生きろこう生きろと指示をあたえる。

汝等《なんだち》は、きみたち。

比丘《びく》は、サンスクリットのビクシュ。

乞う人、乞食《こつじき》する人。

世俗を離れて、修行をする人。

道をもとめ、目ざめを願い、頭を剃り、糞掃衣《ふんぞうえ》を着て、戒律を守り、托鉢《たくはつ》をして生きている。

現代の日本語にそれを訳せば「きみたち僧は」になるかと思った。「きみたち僧よ」という呼びかけではなく、「きみたち僧は」と、それを主語にして述語が、呼びかけられた「きみたち」のするべきことが、この後につづいていくのである。

ところが、疑問が出て来た。ほんとに「僧」でいいのか。

僧という漢字は、仏典の翻訳のために作られた新字だそうだ。新字といってもだいぶ大昔の話である。サンスクリットの原語は、サンガ、音だけを漢字で表せば僧伽《そうぎゃ》、漢訳は衆。

つまり修行者の集まりのことをいう。「三宝《さんぼう》を敬え」と、仏教説話やお経を読んでいるとしょっちゅう出てくるが、その三宝とは仏・法・僧だ。つまり、ブッダと、ブッダのおしえと、ブッダのおしえに従う比丘たちを敬えといっているのである。後々、比丘一人びとりのことも、僧というようになったそうだ。しかし僧とはなんだ。僧とは、にんべんに「そ」なんである。でもこれじゃ、曖昧すぎてわからない。

鳩摩羅什が、あるとき言ったそうだ。

「梵文《サンスクリット》を中国語に置き換えると、その美しい文藻が失われ、大意はつかめてもまったく文体に齟齬《そご》が生じる。まるでご飯をかんで人に与えると、味が失われるだけではなしに嘔吐を催させるようなものだ」

これは慧皎《えこう》（４９７〜５５４）の『高僧伝』という古い伝記集で読んだ。さすが鳩摩羅什、的確に言い当てている。

鳩摩羅什。この人が「法華経《ほけきょう》」を訳した。「阿弥陀経《あみだきょう》」を訳した。「維摩経《ゆいまきょう》」を訳した。「般若心経《はんにゃしんぎょう》」を訳した（流布しているのは後代の玄奘《げんじょう》訳）、いま読んでいる「仏遺教経」も訳した。でも本人は中国語ネイティブにあらず、西域のクチャ国の生まれで、母はクチャの王女で、父はインド僧。あまりに聡明だというので前秦の天子に目をつけられ、女を与えられて破戒させられ、涼州（現在の甘粛省）に、それから長安に、連れて行かれて、そこで死んだ。生涯に三百余巻の仏典を漢訳した。たとえ原文どおりのリズムは再現できなくても、わたしの漢文読解能力にかなりの難があっても、鳩摩羅什の選び取った漢字の群れは、英語の詩をとつとつと読み解いて感動したときみたいに、わたしの心に突き刺さる。「汝等比丘《なんだちびく》」のくり返しもまたそうだった。「汝等比丘」、また「汝等比丘」、さらに「汝等比丘」。こう呼びかけつづけるこの男は、肉体がこんなにも衰えている。もはや座ってもいられない。横たわる。息も弱くなる。まもなく息が絶える。心臓もとまる。生体から死体となる。静かな、滅びの、身体の無い、煩悩の火もすっかり吹き消した状態に移る。その直前の状態で、彼が、十八回くり返すことばなのである。

きみたち僧は。きみたち修行者は。きみたちビクシュは。きみたち比丘は。きみたち私にしたがってきた弟子たちは。いっそこうしたらどうか。きみたち乞食《こつじき》は。きみたち乞食をして生きようとする者は。きみたち乞食をしてむざむざと生きようとする者は。

最後の部分だけここに示す。この訳は後で出す「仏遺教経」とは少し違う。

「きみたち乞食をしてむざむざと生きようとする者は。

悩むな。悲しむな。

私がどれだけ生きようとも、

いつか死ぬ、それまで生きる。

別れは来る。それまで出会う。

私はきみたちに教えた。

自分を救う方法、人を救う方法はぜんぶ教えた。
きみたちは受け取った。
私がまだまだ生きようとも、
もう教えることはない。
渡すべき者は、みんな渡した。渡しおえた。
まだ渡っていない者は、いずれ渡れるようにした。
これより後はきみたちが伝え広めよ。
真理はここにある。ありつづける。けっして死なない。
よいか。
世は常ならぬもの。出会いに別れの来ぬことはない。
悩むな。悲しむな。
死ぬまで生きる。そういうものだ。
励め。脱け出せ。見きわめる力を持て。
その力をかがやかし、何も見えない闇を照らせ。
世は危うく脆い。たしかなものはどこにもない。
さあ、私は死ぬる。
悪病を取り除くような心持ちだ。

罪と悪にまみれたもの、捨てねばならないもの。

仮に名づけて身とよぶ。

このせいで生老病死の大海に溺れかけてきた。

今、ついにこれを滅ぼす。

怨む敵をやっとのことで討ち果たしたような心持ちだ。

私はそう見きわめた。

喜ばずにいられるか」


シッダールタの語りは終わりに近づく。

「なんだち、びく。つねに、まさに、いっしんに、出道《しゅつどう》を勤求《ごんぐ》すべし」。漢訳を日本語に読み替えて、それはこうつづく。「一切《いっさい》、世間《せけん》の、動不動《どうふどう》の法《ほう》は、皆是《みなこ》れ、敗壊不安《はいえふあん》の相《そう》なり」。そしてさらにつづく。「なんだち、しばらく、やみね」

この「やみね」とは。なんだろうと思った、へんなことばだ。でもすぐに思い当たった。「玉の緒よ絶えなば絶えね」の「絶えね」と同じ形だ。あっちは「絶ゆ」（ヤ行下二）の連用形に強意の助動詞「ぬ」の命令形。するとこれは「止む」（マ行四）の連用形に強意の助動詞「ぬ」の命令形。

現代語訳をつづける、「仏遺教経」の最後まで。

「きみたち、乞食をして生きようとする者は。
一心に道をゆけ。
求めろ。
励め。
世間の一切。
動くものも。
動かぬものも。
いつか壊れる。
そして滅《な》くなる。
心許ないがそういうものだ。
きみたち。
さあ、もう止めよう。
何もいうな。
時は過ぎる。
私は死ぬる。
これを私の最後のおしえにする」

「さあ、修行僧たちよ。お前たちに告げよう、『もろもろの事象は過ぎ去るものである。怠ることなく修行を完成なさい』と」

これは『ブッダ最後の旅（大パリニッバーナ経）』から、ほぼ同じ箇所を、中村元の翻訳で。元本はパーリ語である。直訳すれば「ぼんやりと放心することなしに、気をつけて、一切のなすべきことを実現せよ」となるそうだ。訳注にそう書いてあった。その訳注はこうつづく。

「仏教の要決は、無常をさとることと、修行に精励することとの二つに尽きることになる。〈無常〉の教えは、釈尊が老いて死んだという事実によって何よりもなまなましく印象づけられる」

人々をおしえ、目覚めさせ、向こう側に渡してきた老人の死について考えているうちに、もう一つの死に思い当たった。『ソクラテスの弁明』。

むかし、それを読んだ娘がおもしろがってわたしに言った（『読み解き「般若心経」』でわたしに「般若心経」を解説した娘だ）。ソクラテスはね、ものすごくカジュアルに、もう行かなくちゃ、みたいに言って死ぬんだよ、と。

それ以来「もう行かなくちゃ」というごく普通に日常使うことばが、わたしにとっては（娘の生若い声で）死と直結するのである。

行かなくちゃ。

どこに?

ここでないあそこに。死にに。あっちに。あっち側に。あそこに。トイレに。庭先に。台所に。買い物に。表通りに。スーパーに。駅に。駐車場に。空港に。日本に。あっちに。死にに。

『弁明』の和訳をいろいろ読みくらべ、英訳もいろいろ読みくらべ、ソクラテスの思想なんかちっとも考えずに、ただこの老人が死に向かうところだけ抽出して、英訳から訳してみた。

「さあもう行かなくちゃ。

私は死ぬため。

きみたちは生きるため。

どっちがいいかは、誰も知らない。

かみさまだけがご存じだ」

でもまだ死なない。これは裁判の終わったときで、死ぬと決まったときだ。

間近な死については『パイドーン』に書いてあった。

彼は、粛々と、泰然と、毒を飲み干した。そして今や毒はその身体にまわり、身体をむしばむ。足が重たいと言って、彼は仰向けに横たわった。

「腹の辺りが冷たくなってきた。顔から覆いを取って、自分でかけてあった覆いである、彼はこう言った。これが彼の最後のことばだ。

『クリトーン、私はアスクレーピオスに鶏をお供えしなくちゃいけないんだった。忘れないで、そうしてくれるかい』

『おお、そうしよう』とクリトーンが言った。

『ほかに何かあるかい』

返事はなかった。やがてからだがぴくりと動いた。係の男が覆いを取った。目は見開いていた。クリトーンがそれを閉じ、口を閉じた」

もう一人、参照してみたい。

老人ではなかった。若い肉体を傷つけられて殺された。

ギリシャ語版聖書を元にして漢訳聖書と英訳聖書を参照しながら、一九一七年に作り出された『文語訳新約聖書』によると、

「エリ、エリ、ラマ、サバクタニ」と言って死んだとマタイが書き、

「エロイ、エロイ、ラマ、サバクタニ」と言って死んだとマルコが書き、

「父よ、わが霊を御手《みて》にゆだぬ」と言って死んだとルカが書き、

「事畢《ことをは》りぬ」と言って死んだとヨハネが書いた。

仏遺教経《ぶつゆいきょうぎょう》「最後のおはなし」

後秦の時代。
クチャ国の三蔵法師、鳩摩羅什が、仰せに従って訳し奉りました。

一　はじめに

シャカ族の聖者さま、目ざめたおん方は、
初めてのお説法で
コンダンニャさんを
目ざめの世界へ渡されました。
最後のお説法で
スバッダさんを
目ざめの世界へ渡されました。
渡すべき人びとは

みな渡しおえられたのでありました。
二本ならんだシャラの木の
その間におん身を横たえ、
今こそ涅槃に入られます。
夜は刻々と更けてゆき、
あたりはひっそり音も無い。
弟子たちに向かって、
最後のお説法を語られます。

二　善い行いをしながら生きていくには

二の1　わるいことをするな

「きみたち僧は、
私が滅んだ後、プラーティモクシャの戒めをまもれ。
闇の中で光を見るように
貧しい人が宝を得るように
それを重んじ、それを尊べ。
いいか。

戒めこそ、きみたちの師だ。
私が生きていても、教えることは戒めと同じだ。
戒めをまもる者は、物を売るな。物を買うな。取引するな。
田を持つな。家を持つな。
人や奴婢《ぬひ》や家畜を養うな。
金をもうけるな。宝をあつめるな。
火の燃えさかる穴から離れるように離れておれ。
草を刈るな。木を伐るな。土を耕すな。地面を掘るな。
薬をつくるな。吉凶を占うな。
星をよむな。月を見るな。暦を数えるな。
きみたちはしてはならぬ。
身をつつしめ。ただしく食べろ。清らかに生きろ。
世事にかかわるな。つとめをはたすな。
呪術をあやつるな。仙薬をのむな。
人になじむな。人をあなどるな。
きみたちはしてはならぬ。
心を正せ。背筋を伸ばせ。

目ざめの世界に渡りたいと心から願え。
あやまちをかくすな。
あやしいわざで人をまどわすな。
乞食して食べ物を受けるときには、
量を知れ。足るを知れ。
少しだけ受け取れ。たくわえてはならぬ。

これから戒めの基本をきみたちに語っておく。
これは自分を解放するための戒めだ。
それでプラーティモクシャ（束縛から自由になる）とよぶのだ。
この戒めをまもることで、きみたちは、
禅という、しずかであかるい、澄みきった心を得る。
智慧という、苦を滅《な》くすための、見きわめる力を得る。
だからきみたちは、
戒めをやぶるな。
戒めをまもれば、真理にゆきつく。
戒めをまもらなければ、

どんなに善い行いをしても善い報いを得られない。
いいか。
戒めは、
心をしずめ、善い報いの得られる、第一の場所なのだ」

二の2　感覚をコントロールしろ

「きみたち僧は、
僧としてもう戒めをまもっているのだから、
これからは、五根*をコントロールして、五根をコントロールしろ。
五根をコントロールして、五欲をそこに入り込ませるな。
たとえていうなら、
牛飼いが、杖を持って、牛を見張るようなものだ。
牛が人の畑の苗を食べたら、杖をふりあげて叱れ。
五根を自由にさせるのは、
果ても境もないところで生きていくようなものだ。
くつわもないのに、あばれ馬に乗るようなものだ。
ひきずり回されて、深い穴に振り落とされるのがおちだ。

この世で味わう苦しみならば、自分一人が苦しめば済む。
ところが、五根から来る災いは子々孫々続いていく。
おそろしい害だ。ゆゆしき悪だ。
つつしめ。ただつつしめ。
だから智慧のある人は心をコントロールする。
悪人をそうするように、とらまえて自由にさせない。
自由にさせたところで、いずれ何もかも滅ぶのだが。
五根は、心を主とする。
だからきみたちは、
心をコントロールしろ。
心は怖ろしい。
その怖ろしさ、
なんといいあらわせばいいのかわからない。
毒蛇か、猛獣か、悪人どもか、燃えさかる火事か。
いや、たとえにもならない。
あえてたとえるなら、こうだ。
だれかが蜜の入った器を抱えて有頂天になっているが、

蜜ばかり気にして、後ろにある深い穴が目に入らない。
さらにたとえるなら、こうだ。
象があばれているのに押さえるための鉤《かぎ》がない。
逃げた猿が林に入り込んで手がつけられなくなっている。
すぐに押さえつけて、自由にさせるな。
心をコントロールしなければ善い行いはできまいが、
コントロールしていれば、できないことは何もない。
だからきみたちは、
たえまなく励め。
自分の心の中にひそむ悪を打ち砕き、
迷いから離れさせて、智慧の心に従わせろ」

二の3　多くをもとめるな

「きみたち僧は、
乞食して得た物を、薬と思って食べろ。
うまいの、まずいの、もっとほしいのという心は起こすな。
身を保つには、少しでいい。飢えと渇きをしのげればよい。

たとえていうなら、こうだ。
ミツバチは花から蜜を吸うだけで、色や香りはうばわない。
きみたちもそうだ。
人から受ける物で、飢えや渇きがわずかにしのげればよい。
多くもとめて、人の善意をむだにするな。
たとえていうなら、こうだ。
かしこい人間は、牛の体力を見きわめながら牛を働かせる。
牛を使いつぶすまで酷使することは、けっしてしないのだ」

二の4　眠りをむさぼるな

「きみたち僧は、
昼の間は、ただひたすら勤行に励め。
時間をむだにするな。
宵の口と明け方には、怠けずに励め。
真夜中には誦経《ずきょう》して、それから休め。
眠るな。
眠りすぎたせいで

自分の一生をむなしく終わらせるな。
つねに思え。
無常の火が燃えている、世間を焼きつくすと。
つねに願え。
早く目ざめたい、あちらの世界に渡りたいと。
眠るな。
煩悩がきみを害そうとつけねらっているのだ。
怨敵よりたちが悪い。
眠るな。
きみが眠りこけているうちにも
煩悩が毒蛇となって、心の中に入り込むのだ。
たとえていうなら、
大マムシが寝床の下に眠っているようなもの。
戒をまもるというのは、
手に鉤を持つということだ。
それを使って取って捨てろ。
マムシがいなくなれば、きみは安眠していい。

マムシがいるのに眠っているのは恥知らずだ。
恥じる心を、服のように身にまとえ。
服としてこんなに良いものは他にない。
人の法に外れた行いを鉄鉤のように押さえてくれる。
だからきみたちは、
恥じろ、恥じろ。
恥じる心を少しの間もなくすんじゃない。
恥じることを忘れたら、
善い報いは得られなくなる。
恥じることのできる人は、
真理に行き着く。
恥じることのできない人は、
鳥や獣のような生き方しかできない」

二の5　怒るな

「きみたち僧は、
人に手足をずたずたに切り刻まれているときにも、

心を平静に保ち、
怒りも怨みも持たせてはいけない。
口をつつしめ。悪口を言うな。
怒りを怒るままに任せれば、
それはきみの行く手を塞ぎ、
得られたはずの善い報いも得られなくなる。

辛抱は
持戒や苦行よりずっとやくにたつ。
ぐっとこらえて辛抱できる人になれ。
そうでないと、能力のある人とも成熟した人とも呼べない。
ののしられたら、そのことばをよろこんで受けとめて、
甘露を飲むようなつもりでいろ。
そうでないと、道をもとめる人とも智慧のある人とも呼べない。
理由はこうだ。
怒りは害だからだ。
何もかもをぶち壊してしまう。

仏遺教経
「最後のおはなし」

社会のきまりも良い評判も滅くしてしまう。
いつの世の人々にも嫌われる。
いいか。
怒る心は燃えさかる火よりもおそろしい。
つねにそれから身を護《まも》れ。心にけっして入らせるな。
怒りを持てば、善い報いは得られない。
白い衣の世俗の人。欲をもつ人。
かれらは戒に従って生きるわけではないが、
やはり怒りは持たぬにかぎる。
ましてやきみたちは、
出家した人。道を行く人。欲を無くした人。
怒りを持つな。
ぜったいに持つな。
たとえて言うなら、こうだ。
空に雲が浮かんでいる。さわやかなつめたい雲だ。
そこにいきなり雷が鳴りとどろいて燃えあがるなんていうことが
起こるわけがないのだ」

二の6　思い上がるな、見下すな

「きみたち僧よ、
ちょっと自分の頭をなでてみろ。
剃り上げた日のことを思い出せ。
もうとっくに身を飾ることなんか捨てたろう。
壊色《えじき》の衣を着ているだろう。
器を持って乞い歩いているだろう。
わたしもそうやって生きてきた。
思い上がる心、人を見下す心が出てきたら、すぐに滅くせ。
そんな心は、
白い衣の世俗の人だって、持っていいものじゃない。
ましてやきみたちは、
出家した人。
仏の道を行く人。
自由になるために、自らを低くして、行乞をして歩く人だ」

二の7　へつらうな

「きみたち僧は、
へつらう心を持つな。それはきみの行く道ではない。
きみたちは、
心をかざらず、ありのままに持て。
いいか。
人にへつらえば、人を欺くことになる。
仏道を行く者はそんな心を持ってはいけない。
きみたちは、
ただ心をまっすぐに正し、かざらず、ありのまま生きていけ」

三　浮世を離れて修行者として生きるために

三の1　少欲を心がけよ

「きみたち僧よ、
よく聞け。
欲の多い人は利をほしがるから悩みが多い。
欲の少ない人はほしがらないから悩みもない。

ならば、きみたちは少欲を心がけて生きろ。
わかりきったことだが、欲の少ない人には善い報いがある。
欲が少なければ、人にへつらわない。人の意を求めない。
欲が少なければ、迷いもない。
少欲を心がける人は、
淡々として憂いがない。余裕があり、不満もない。
少欲で生きる人には、
一切の苦しみを離れた、静かな境地が待っている。
これを『少欲』とよぶ」

三の２　足るを知れ

「きみたち僧は、
人生のさまざまな苦悩からのがれたいと思っている。
それならば、
『足るを知る』について考え、それを心がけろ。
のんびりした、おだやかな気持ちで生きられる。
知足を心がける人は、路上で寝起きしてもしあわせだ。

知足を心がけぬ人は、お城に暮らしても満足しない。
知足を心がけぬ人は、豊かであっても貧しい。
知足を心がける人は、貧しくても豊かである。
知足を心がけぬ人は、つねに五欲にふりまわされる。
知足を心がける人が、それを憐れむ。
これを『知足』とよぶ」

三の3　遠く離れよ

「きみたち僧は、
煩悩から離れたしずけさ、因果から離れた自由さ、
そして平和で穏やかな心をもとめたいと思っている。
それならば
さわがしい地を離れて、独り住め。
人々との関わりを捨てて、
誰もいないところに、独り住め。
苦しみのもとを滅くそうと思え。
人々とかかわれば、人々の悩みを受けとめてしまう。

たとえていうなら、
大きな樹に鳥がたくさん群がると、
その重みで枝が折れ樹が枯れてしまうようなものだ。
深い泥沼に老いた象がはまり込み、
抜け出せずにもがきながら死んでいくようなものだ。
これを『遠離《おんり》』とよぶ」

三の4　ひたすら励め

「きみたち僧は、
ひたすら励めば、できないことは何もないのだ。
だからきみたち、
ひたすら励め、ただ励め。
励む心をたとえるなら、
少しの水でも流れつづければ石に穴をあけるようなもの。
怠け心をたとえるなら、
火を熾《おこ》そうとしてまだ熱くないのに手を休めるようなもの。
火がほしいのに、いっこうに得られない。

これを『精進』とよぶ」

三の5　迷いの心を持つな

「きみたち僧は、
よい師がほしいと思うし、よい友がほしいと思う。
いずれも仏道修行のためには大切なことだ。
それならば、まず、迷いの心を持たぬがよい。
迷いの心を持たなければ、煩悩が入り込むこともない。
だからきみたち、
迷いの心を、心の奥深くにおさめておけ。
それをコントロールできぬのなら、善い報いは得られない。
コントロールできていれば、五欲が入り込んでも害はない。
たとえていうなら、
鎧を着て戦場に出れば怖ろしくないというようなものだ。
これを『不妄念』とよぶ」

三の6　集中しろ

「きみたち僧は、
心を集中しろ。
そうすれば、心はたしかに禅とも定《じょう》ともいう状態になる。
禅定になれば、生きる滅《し》ぬるの真実のすがたを見抜ける。
だからきみたち、
つねに励め。励んで禅定をまなべ。
禅定になれば、心はあわあわと乱れていかない。
たとえていうなら、
水の貴重なことを知る人が、堤をよく手入れして水を保つようなものだ。
きみたち僧もまた、
智慧の水を得るために禅定を修め、
ついに水を外に漏らさない。
これを『定』とよぶ」

三の7　見きわめる力を持て

「きみたち僧に、

智慧という、ものを見きわめる力があれば、
むさぼることもない。執着することもない。
つねに自分を、よくよく見つめ、
自分に、自分を、見失わせるな。
私の教えにしたがえば、きみたちは、
解き放たれて、向こうに渡れる。
そうでなければ、きみたちは、
出家者ではなく、在家でもない、名づけ得ぬものになるばかりだ。
実に智慧こそが、
老病死の海を渡るじょうぶな舟だ。
無明の暗闇にともるあかるい灯だ。
どんな病人にも効く薬だ。
煩悩の樹を伐り倒す斧だ。
だからきみたち、
智慧をもって耳をすませ。
智慧をもって眼をみはれ。
智慧をもって考え、

智慧をもって行動し、
智慧をもって自分を充たせ。
智慧があれば、
それに照らされて、
肉眼のまま何もかもがクッキリと見える。
これを『智慧』とよぶ」

三の8　むなしいぎろんをするな

「きみたち僧は、
なんだかんだとむなしいぎろんをする。
そうすると、心は乱れる。
出家をしたところで、何からも解き放たれない。
だからきみたちは、
今すぐ、きっぱりと、心を乱すぎろんから離れろ。
煩悩の火が消えたあとの、
しぃんと静まって満ち足りた喜びを得たいのなら、
ただきっぱりと、

ぎろんによって引き起こされる苦しみを滅くすことだ。
これを『不戯論《ふけろん》』とよぶ」

四　私の教えが良いとわかっているなら

「きみたち僧は、
善い報いを得ようと思うなら、心の気ままさを捨て去れ。
私の教えが良いことは、きみたちはもう知っていよう。
ならばきみたちは、
ひたすら励め。
山の中にいても、川の流れに浸かっていても、
一本の樹の下にあるいは人けのない森や林に、
あるいは建物の室内に、独りでいるときでも、
きみはつねに受けた教えを思え。
きみの心にそれを忘れさせるな。
励め。
ただ励め。
するべきことをしないで死ぬな。

私は良医のように、病をよく知り、薬を処方する。
服《の》むか服まないかは、もはや医者の責任ではない。
私は人々をよい道によく導く。
聞いたのについてこないのは、もはや導く私の過ちではない」

五　四諦*に疑いがあるなら聞け

「きみたち僧は、
四諦《したい》について疑いがあるなら、今すぐに訊け。
疑いを持ったまま、
わからなくてもよしとするな」
聖者は、三度、こう呼びかけました。
しかし訊く者はありませんでした。誰も疑いを持ちませんでした。
アヌルッダ*は、
人々の心をよく見きわめて、
聖者にむかってこう言いました。
「尊いかた。
月を熱くすることが可能だとして、

太陽を冷たくすることも可能だとして、
ブッダの説かれた四つの真理が間違いだなんてことが、
可能かといえば可能じゃないのです。
ブッダの説かれた『苦』の真理はほんとうです。
生きるということは
苦であって楽ではありません。
ブッダの説かれた『集』の真理はほんとうです。
他に因はありません。
苦が滅《な》くなれば因が滅くなります。
因が滅くなれば果も滅くなります。
ブッダの説かれた『滅』の真理はほんとうです。
ブッダの説かれた『道』の真理もほんとうです。
そして、それこそがほんとうの道です。
他の道はさらさらありません。
尊いかた。
ここに集う僧たちは四つの真理について何ら疑いをもちません」

六　道半ばのものたちよ、疑うな

「ここに集う僧たちの中で、
この道を志したのにまだ半ばの者は、
ブッダの滅くなるのを見てなげき悲しむでしょう。
志したばかりの者は、
このお説法を聞いて、いつか目ざめることになるでしょう。
たとえていうなら、
闇夜に稲妻が光って道がぱあっと照らされたように。
すでに行いを正して苦海を渡り終えた者は、
ただこう思うはず。
だれよりも尊いかたが
なぜこんなに早く滅くなってしまわれるのか」
アヌルッダはこう言いました。
集まった人々はみな四つの真理を理解したのですが、
聖者は、
さらに人々によく解らせるために、

ああ、なんて大きな慈悲の心か、
また人々に向かって語りかけられました。
「きみたち僧は
悩むな。悲しむな。
私がどれだけ生きようとも、
いつか死ぬ。それまで生きる。
別れは来る。それでも出会う。
私はきみたちに教えた。
自分を救う方法、人を救う方法は、ぜんぶ教えた。
きみたちは受け取った。
私がまだまだ生きようとも、
もう教えることはない。
渡すべき者は、みんな渡した。渡しおえた。
まだ渡っていない者は、いずれ渡れるようにした。
これより後はきみたちが伝え広めるのだ。
真理はここにある。ありつづける。けっして滅くならない。
いいか。

世は常ならぬもの。出会いに別れの来ぬことはない。
悩むな。悲しむな。
生きるとは死ぬること。死ぬるとは生きること。
励め。脱け出せ。智慧を持て。
その力であかるく照らして、おろかな闇を滅くせ。
世は危うく脆いもの。強い者などどこにもいない。
さあ、私は死ぬる。
今は悪病を取り除くような心持ちだ。
罪と悪にまみれたもの。捨てねばならないもの。
仮に名づけて、これを『からだ』とよぶ。
このせいでわたしは、生老病死の荒海に溺れかけてきた。
今、ついにこれを滅ぼす。
怨む敵をとうとう討ち果たすようなものだと
智慧のある者なら見きわめるだろう。
そしておおいに喜ぶだろう」

七　もう止めよう

仏遺教経
「最後のおはなし」

「きみたち乞食する人は。
一心に道をゆけ。
求めろ。
励め。
世間の一切。
動くものも。
動かぬものも。
いつか壊れる。
そして滅くなる。
心許ないがそういうものだ。
きみたち。
さあ、もう止めよう。
何もいうな。
時は過ぎる。
私は死ぬる。
これを私の最後のおしえにする」

「ブッダが亡くなるとき弟子たちに端的に教えを説かれた経典」おわります。

＊五根　五つの感じる機能のことです。
眼みる。耳きく。鼻かぐ。舌あじわう。身ふれる。
＊四諦　諦は「あきらかにする」「まこと」という意味。「あきらめる」と読むのは日本読み。あきらめたら、いけません。試合終了になっちゃいますからね。
苦諦。生きることは苦だという真理。
集諦《じったい》。もとめる欲望や感情がある（だから苦がある）という真理。
滅諦。欲望や感情は滅くせる（だから苦は滅くせる）という真理。
道諦。苦を滅くすために道があるという真理。
＊アヌルッダ　シャカ仏の弟子。しゃーりぷとら（「般若心経」「阿弥陀経」「法華経方便品」）、カーシャパ（「法華経薬草喩品」）、アーナンダ（「無量寿経」）と同じく、十大弟子と呼ばれています。

総回向偈《そうえこうげ》
「あまねくひとしく」

願《がん》以《に》此《し》功《く》徳《どく》　平《びょう》等《どう》施《せー》一《いっ》切《さい》　同《どう》発《ほっ》菩《ぼ》提《だい》心《しん》　往《おう》生《じょう》安《あん》楽《らっ》国《こく》

どうかこのめぐみが
わたしに
わたしたちに
もろもろのいのちたちに
あまねくひとしくゆきわたり
目ざめたいという心をおこさせて
あのやすらかな国へいくことができますように。

総回向偈とは

阿弥陀仏〈むげんのひかり〉さまの名を声に出してとなえると功徳がある。お経を読み上げると、功徳がある。功徳とは、よい結果が得られるようなよい行いです。よい結果とは、浄土に生まれ変わって、生き変わり死に変わりの続く苦しみから逃れることです。この偈は、生きる命みんなが、その結果を得られるように願う回向文《えこうもん》。前にも出てきた中国浄土教の祖、善導の「観経疏」の冒頭、十四行偈・勧衆偈と呼ばれる長い偈の最後の一節です。

総願偈《そうがんげ》
「あるいてゆきます」

衆《しゅ》生《じょう》無《む》辺《へん》誓《せい》願《がん》度《ど》　煩《ぼん》悩《のう》無《む》辺《へん》誓《せい》願《がん》断《だん》
法《ほう》門《もん》無《む》尽《じん》誓《せい》願《がん》知《ち》　無《む》上《じょう》菩《ぼ》提《だい》誓《せい》願《がん》証《しょう》
自《じ》他《た》法《ほう》界《かい》同《どう》利《り》益《やく》　共《ぐ》生《しょう》極《ごく》楽《らく》成《じょう》仏《ぶつ》道《どう》

ひとびとはかぎりなくいます
みんな救います
ぼんのうはかぎりなくあります
かならず離れます
おしえはかぎりなくあります
つねに学びます
このうえない目ざめに

きっと行きつきます
ブッダのめぐみをわかちあい
ともに極楽にうまれてブッダのみちをあるいてゆきます

総願偈とは

ボサツとしてあるいてゆこうとするときに、いちばん大切なのは、目ざめようと思う心と世の人々を救おうとする心だと、平安時代の僧、源信（942〜1017）が『往生要集』の中で書いています。「みんな救います」「かならず離れます」「つねに学びます」「きっと目ざめます」。この四行の基本の願にそれがあらわされているんですが、この後に源信が二行をつけ足して、この偈ができました。

あとがき

『読み解き「般若心経」』から十一年が経ちました。

母が死んだのが二〇〇九年、父は二〇一二年。『読み解き「般若心経」』のとき、お経に興味を持ったきっかけは、やっぱり父と母が老いて病んで死んで行こうというときになすすべもなかったということだったと思うんです。

夫は二〇一六年に死にました。しばらく夫のいないカリフォルニアで、ふわふわと、居場所もよりどころもないような生活をしていましたが、仏典の現代語訳は必死でつづけていました。カリフォルニアでやってたというのもおかしなことですが、そういう状況だったからできたのかもしれません。

この本におさめたお経や文章のほとんどは、日本に帰ってくる二〇一八年の春までにはほぼできていました。でも本はできませんでした。お経の現代語訳も解説も、見直すたびに、これじゃだめだ、法難に遭うというところが見つかり、また一から読み直し、調べ直し、納得のいく形にして、デキタと思うんですが、日を改めて見てみると、また違うと思う……やってもやっても終わりませんでした。本は買っても買っても足りませんでした。今はとりあえずこれで出そうと思っていますが、また少し経って見直したら、だめだコレじゃと思うに違いないと思います。

この十一年の間にいろいろ本を出してきました。

二〇一二年には『たどたどしく声に出して読む歎異抄』で、歎異抄、そして親鸞の和讃や手紙、恵心尼《えしんに》の手紙を現代語にしました。それは今、『伊藤比呂美の歎異抄』というタイトルで河出文庫から出ています。

二〇一四年には『先生！　どうやって死んだらいいですか？』で、山折哲雄さんと対談しました。タイトルは不穏ですけど、わたしにとっては「先生！　仏教で質問がいっぱいあります」という感じの質問タイムだったんです。

二〇一五年には『新訳　説経節』で、説経節（しんとく丸、小栗判官、山椒太夫）の現代語訳をしました。池澤夏樹さん個人編集の日本文学全集では、『日本霊異記』と『発心集』、そして説経節（かるかや）の現代語訳を担当しました。二〇〇四年に出した『日本ノ霊異《フシギ》ナ話』は元の話から離れた語り直しだったのですが、こちらは直訳を心がけました。

二〇一六年には『禅の教室』で、藤田一照さんに坐禅を教えていただきました。一照さんとは「正法眼蔵」をめぐる対話も試みましたが、へー、ほーとうなずくことしかできなくて、何がわからないのかもわからなかったです。

わたしは、哲学や思想について考えるのは苦手です。ついでに言うと算数も理科も苦手です。信仰という状態に身を置いてしまうのも苦手で、わからないものをわからないまま受け止めるのも苦手です。そこにはいつも「詩」としてお経を読むという姿勢があり、距離がありました。

試行錯誤の探求はまだつづきます。フローベールの「聖ジュリアン」やトルストイの「パアテル・セルゲイ」を鷗外訳で読んだのが道筋になり、『黄金伝説』、山浦玄嗣訳の『ケセン語訳新約聖書』、岩波文庫に入った『文語訳聖書』や、岩波の新約聖書翻訳委員会の『新約聖書』……『聖書の日本語』や『聖書を読む』……。そして十六世紀の天草のキリシタンたちのことばを追いかけたりしていました。

この日々を経て、わたしの仏教への興味は『読み解き「般若心経」』の頃から少し変わりました。なにしろ喫緊の問題だった父や母はいなくなっていましたから、まず、日本古典文学は（『古事記』等は除いて）悉く《ことごと》皆な仏教文学であるということに気がついた。

昔の人の考えることはムズカシイ、ワカラナイと思いながら、『源氏物語』や『平家物語』、『梁塵秘抄』や謡曲や、説話集や随筆文学、説経節、そして落語まで、今まで知らずに読んできたけど、知ってみたら、書いた人語った人はみんな仏教の信者ないしはプロの僧で、お経のことばと信心の上に成り立っていたのでした。

そして、だれもいなくなったカリフォルニアで、犬を連れて荒れ野や海辺を歩きながら日没や雲や動植物がめぐっていくのを見るうちに、自然のめぐりと一切の衆生の生きる死ぬるが重なっていったこと。生きるってこういうことか、死ぬってこういうことかと、わたしなりの発見が毎日あった。

この本『いつか死ぬ、それまで生きる　わたしのお経』のエッセイ部分は、わたしなりの「発心集」かもしれません。

知恩院の雑誌「知恩」で「浄土宗のお勤め」のときによむお経の現代語訳の連載をしました。そのときのものはだいぶ書き直しましたが、たくさんのお経に次々に出会うことができました。安達俊英さんには、そのときもその後もほんとうにお世話になりました。ありがとうございました。

エッセイの多くは「熊本日日新聞」です。書家の神野大光さんの字とコラボしていました。本にするにあたって、ほんとうに残念ながら活字だけにしました。神野さん、小野由起子記者、ありがとうございました。その他にも「一冊の本」「宗教と現代がわかる本」「同朋」「アルテリ」「MONKEY」「家の光」等の場をいただきながら、ひとつのことをずっと考え、書いてきたのでした。それは生きること死ぬこと、そしてお経です。

装幀そして本文デザインは、菊地信義さん水戸部功さんにお願いしました。

朝日新聞出版の編集者は矢坂美紀子さん。長いおつきあいです。同行二人っていったらまた別の意味なんですが、わたしたち同行として、お互いを細かなんかでくくりつけ合い、手探りでここまで歩いてきました。ほんとうにありがとうございました。

とにかく素人です。それはほんとう。間違い、思い違い、無知なところがまだまだある。そもそも貪瞋癡《とんじんち》――むさぼりやすく怒りやすくおろかなのは、わたしの基本の悪業なんです。でもとりあえず、ここまで考えたこと、わたしのことばを、今、出します。もう行かなくちゃ。またどこかでお会いします。

二〇二一年九月

伊藤比呂美

主な参考文献

藤井正雄『お経　浄土宗』講談社　一九八三年
塩入良道『お経　天台宗』講談社　一九八三年
勝又俊教『お経　真言宗』講談社　一九八三年
桜井秀雄／鎌田茂雄『お経　禅宗』講談社　一九八三年
早島鏡正／田中教照『お経　浄土真宗』講談社　一九八三年
中村元／紀野一義訳註『般若心経・金剛般若経』岩波文庫　一九六〇年
宮坂宥洪『真釈　般若心経』角川文庫　二〇〇四年
親鸞　金子大栄校訂『教行信証』岩波文庫　一九五七年
山折哲雄『「教行信証」を読む　親鸞の世界へ』岩波新書　二〇一〇年
山本勇夫『源信僧都　高僧名著選集３』平凡社　一九三五年
杤尾武校注『玉造小町子壮衰書　小野小町物語』岩波文庫　一九九四年
宮崎学『死』平凡社　一九九四年
「源氏物語表白」、日向一雅編　湯浅幸代他『源氏物語と仏教　仏典・故事・儀礼』青簡舎　二〇〇九年
伊藤正義校注『謡曲集　中　新潮日本古典集成』新潮社　一九八六年
空海（書）　蓑毛政雄編『風信帖・灌頂記　空海』天来書院　二〇〇二年
坂本幸男／岩本裕訳注『法華経』岩波文庫　一九六二年

植木雅俊訳『法華経　梵漢和対照・現代語訳』岩波書店　二〇〇八年
庭野日敬『法華経の新しい解釈』佼成出版社　一九六〇年
鎌田茂雄『法華経を読む』講談社学術文庫　一九九四年
中村元/早島鏡正/紀野一義訳註『浄土三部経』岩波文庫　一九六三・一九六四年
釈徹宗『NHK宗教の時間「観無量寿経」をひらく』NHK出版　二〇二〇年
浄土真宗教学研究所浄土真宗聖典編纂委員会編『浄土三部経（現代語版）』本願寺出版社　一九九六年
宮坂宥勝訳注『密教経典　大日経・理趣経・大日経疏・理趣釈』講談社学術文庫　二〇一一年
松長有慶『理趣経』中公文庫　一九九二年
浄土真宗本願寺派長久寺有国智光さんHP「山寺」http://www.yamadera.info
『鷗外全集第26巻』岩波書店　一九七三年
得能文訳註『仏説四十二章経　仏遺教経』岩波文庫　一九三六年
慧皎　吉川忠夫/船山徹訳『高僧伝』岩波文庫　二〇〇九年
『文語訳新約聖書　詩篇付』岩波文庫　二〇一四年
中村元訳『ブッダ最後の旅　大パリニッバーナ経』岩波文庫　一九八〇年
プラトン　久保勉訳『ソクラテスの弁明・クリトン』岩波文庫　一九六四年
田上太秀『「涅槃経」を読む　ブッダ臨終の説法』講談社学術文庫　二〇〇四年
大橋俊雄校注『法然上人絵伝　上』岩波文庫　二〇〇二年
大橋俊雄校注『一遍上人語録』岩波文庫　一九八五年
中村元訳『ブッダの真理のことば　感興のことば』岩波文庫　一九七八年

装幀・本文デザイン　菊地信義
水戸部 功＋北村陽香

伊藤比呂美（いとう・ひろみ）

一九五五年、東京都生まれ。詩人。七八年、『草木の空』でデビュー。八〇年代の女性詩ブームをリードし、結婚・出産をへて九七年に渡米した後、熊本に住む父と母の遠距離介護を続けていた。二〇一八年より拠点を熊本に移し、二〇二一年春まで、早稲田大学教授を務める。

一九九九年、『ラニーニャ』で野間文芸新人賞、二〇〇六年、『河原荒草』で高見順賞、『とげ抜き　新巣鴨地蔵縁起』で〇七年萩原朔太郎賞、〇八年紫式部文学賞を受賞。一五年、早稲田大学坪内逍遥大賞、一九年、種田山頭火賞を受賞。『日本ノ霊異《フシギ》ナ話』『女の絶望』『読み解き「般若心経」』『良いおっぱい　悪いおっぱい【完全版】』『閉経記』『たそがれてゆく子さん』『道行きや』『伊藤比呂美の歎異抄』『ショローの女』、共著に『先生！　どうやって死んだらいいですか？』（山折哲雄氏と）、『禅の教室　坐禅でつかむ仏教の真髄』（藤田一照氏と）、『新版　死を想う　われらも終には仏なり』（石牟礼道子氏と）、『先生、ちょっと人生相談いいですか？』（瀬戸内寂聴氏と）ほか著書多数。

いつか死《し》ぬ、それまで生《い》きる　わたしのお経《きょう》

二〇二一年一一月三〇日　第一刷発行
二〇二二年　四　月三〇日　第五刷発行

著　者　伊《い》藤《とう》比《ひ》呂《ろ》美《み》
発行者　三宮博信
発行所　朝日新聞出版
〒一〇四-八〇一一　東京都中央区築地五-三-二
電話　〇三-五五四一-八八三二（編集）
〇三-五五四〇-七七九三（販売）

印刷製本　図書印刷株式会社

ISBN978-4-02-251786-9
定価はカバーに表示してあります。
落丁・乱丁の場合は弊社業務部（電話〇三-五五四〇-七八〇〇）へご連絡ください。
送料弊社負担にてお取り替えいたします。

読み解き「般若心経」

死に逝く母、残される父の孤独、看取る娘の苦悩。暮らしに結びついたお経に出会った詩人は、その技を尽くして、柔らかく強靭な現代語訳にする。明るい活力にみちた極上のエッセイとお経が響きあう。《解説・山折哲雄》

朝日文庫版